Aus Heliopolis – Nachtviolen – Wasserfluth

Begleitbuch zur 227. Sonderausstellung vom 8. Mai bis 31. August 1997

Die besondere Ausstellung
200. Geburtstag Franz Schuberts
im Historischen Museum
der Stadt Wien

Aus Heliopolis – Nachtviolen – Wasserfluth

SCHUBERT 97

Böhlau Verlag Wien · Köln · Weimar

Die Freunde von Salamanka

D 326

II Duett
Oboe

Es folgt: Schuberts komplettes Werk

(in Kurztiteln und der Reihenfolge der Entstehung)

Fantasie in G für Klavier zu 4 Händen
Gesang in c für Baßstimme und Klavier
Fantasie in G für Klavier zu 4 Händen
Sonate in F für Klavier zu 4 Händen
Satz in G für Streichquartett
Ouvertüre in D
Sinfonie in D
Bruchstück aus einem Satz in d oder F für Streichquartett
Sechs Menuette für Bläser
Fantasie in c für Klavier
Trio eines Menuetts für Bläser
Satz in C für Streichquartett
Ouvertüre zu dem Lustspiel mit Gesang „Der Teufel als Hydraulicus“
Hagars Klage
Des Mädchens Klage
Leichenfantasie
Ouvertüre in c für Streichquintett
Ouvertüre in c für Streichquartett
Fantasie in g für Klavier zu 4 Händen
Der Vatermörder
Der Spiegelritter
Ouvertüre in D
Fuge in d
Ouvertüre
Der Geistertanz
Der Geistertanz
Kontrapunktübungen
Quell' innocente figlio
Streichquartett in g/B
Streichquartett
Streichquartett
Mehrere Walzer und ein Marsch für Klavier
Ouvertüre in B für Streichquartett
Sechs Variationen in Es für Klavier

Zwölf Menuette mit Trios für Klavier
Klaglied
Sieben Variationen in F für Klavier
Fuge in C
Fuge in G
Fuge in d
Fuge in C für Klavier
Messe in F (?)
Kontrapunktübungen
Kontrapunktübungen
Kontrapunktübungen
Fuge in F für 2 Stimmen
Ouvertüre in D
Salve Regina in F
Trio in B für Klavier, Violine und Violoncello
Andante in C für Klavier
Der Jüngling am Bache
Kyrie für eine Messe in d
Streichquartett in C
Entra l'uomo allor che nasce
Te solo adoro
Serbate, o Dei custodi
Streichquartett in B
Die Advokaten
Fugenentwürfe für Klavier
Totengräberlied
Lebenstraum
Drei Menuette und Trios für Orchester
Streichquartett in Es
30 Menuette mit Trios für Klavier
Fuge in e für Klavier (?)
Misero pargoletto
Dreifach ist der Schritt der Zeit, Spruch des Konfuzius
Totengräberlied

Kyrie in B für Chor (SATB)
Streichquartett in C
Dithyrambe
Fantasie in c für Klavier zu 4 Händen
Kyrie für eine Messe in d
Die Schatten
Unendliche Freude durchwallet das Herz
Sehnsucht (Ach, aus dieses Tale Gründen)
Vorüber die stöhnende Klage
Unendliche Freude durchwallet das Herz
Selig durch die Liebe
Sanctus
Hier strecket der wallende Pilger
Dessen Fahne Donnerstürme wallte
Verklärung
Hier umarmen sich getreue Gatten
Ein jugendlicher Maienschwung
Thronend auf erhabnem Sitz
Wer die steile Sternenbahn
Majestätische Sonnenrosse
Schmerz verzerret ihr Gesicht
Kyrie in F
Frisch atmet des Morgens lebendiger Hauch
Streichquartett in B
Dreifach ist der Schritt der Zeit, Spruch des Konfuzius
Dreifach ist der Schritt der Zeit, Spruch des Konfuzius
Die zwei Tugendwege
Alleluja in F
Fuge in e für Klavier
Fragment eines Orchesterstückes in D
Oktett in F für Bläser
Thekla (eine Geisterstimme)
Streichquartett in D
Trinklied (Freunde, sammelt euch im Kreise)

Pensa, che questo istante

Der Taucher

Son fra l'onde

„Franz Schuberts Begräbniß-Feyer"

Nonett in es für Bläser

Zur Namensfeier meines Vaters

Auf den Sieg der Deutschen

Sinfonie Nr. 1 in D

Zur Namensfeier des Herrn Andreas Siller

Des Teufels Lustschloß

Offertorium in C (Clamavi ad te)

Menuett in D für Streichquartett

Streichquartett in Es

Andante in C für Streichquartett (?)

Verschwunden sind die Schmerzen

Fünf Menuette mit sechs Trios und fünf Deutsche mit sieben Trios und einer Coda für Streichquartett

Fünf Deutsche mit sieben Trios und einer Coda für Streichquartett

Zwei Menuette mit je zwei Trios für Klavier

Laß immer in der Jugend Glanz

Don Gayseros

Streichquartett in D

Fragment eines Orchesterstückes in B

Fünf Menuette und sechs Deutsche mit Trios für Streichquartett und zwei Hörner

Adelaide

Quartett in G für Flöte, Bratsche, Gitarre und Violoncello

Trost. An Elisa

Erinnerungen

Andenken

Geisternähe

Erinnerung (Kein Rosenschimmer leuchtet)

Die Betende

Satz in c für Streichquartett

Die Befreier Europas in Paris

Messe in F

Salve Regina in B

Lied aus der Ferne

Der Abend (Purpur malt die Tannenhügel)

Lied der Liebe

Wer ist groß?

Der Taucher

Streichtrio in B

Streichquartett in B

An Emma

Romanze (Ein Fräulein klagt' im finstern Turm)

An Laura, als sie Klopstocks Auferstehungslied sang

Der Geistertanz

Das Mädchen aus der Fremde

Gretchen am Spinnrade

Nachtgesang (O gib vom weichen Pfühle)

Trost in Tränen

Schäfers Klagelied

Ammenlied

Sehnsucht (Was zieht mir das Herz so?)

Am See (Sitz ich im Gras)

Sinfonie Nr. 2 in B

Szene aus „Faust"

Selig alle, die im Herrn entschliefen

Zwölf Wiener Deutsche für Klavier

Mailied (Grüner wird die Au)

Der Schnee zerrinnt

Lacrimoso son io

Lied beim Rundetanz

Lied im Freien

Ballade

Deutscher mit Trio in E für Klavier

Offertorium in C (Totus in corde langueo)

Adrast

Rastlose Liebe

Deutscher in Cis mit Trio in A für Klavier

Klage um Ali Bey

Der Mondabend

Geistes-Gruß

Genügsamkeit

Romanze (In der Väter Hallen ruhte)

Zwölf Walzer, siebzehn Ländler und neun Ecossaisen für Klavier

Zwanzig Walzer für Klavier

Bardengesang

Trinklied (Brüder unser Erdenwallen)

Der Sänger

Lodas Gespenst

Auf einen Kirchhof

Minona

Als ich sie erröten sah

Sonate in E für Klavier

Das Bild

Zehn Variationen in F für Klavier

Sonate in E für Klavier

Ecossaise in d/F für Klavier

Die Erwartung

Am Flusse

An Mignon

Nähe des Geliebten

Sängers Morgenlied

Liebesrausch

Sängers Morgenlied

Amphiaraos

Messe in G

Nun laßt uns den Leib begraben (Begräbnislied)

Jesus Christus unser Heiland, der den Tod überwand (Osterlied)

Trinklied vor der Schlacht

Schwertlied
Gebet während der Schlacht
Der Morgenstern
Streichquartett in g
Das war ich
Stabat mater in g
Die Sterne (Was funkelt ihr so mild mich an?)
Vergebliche Liebe
Adagio in G für Klavier
Liebesrausch
Sehnsucht der Liebe
Offertorium in a (Tres sunt, qui testimonium dant in coelo)
Die erste Liebe
Trinklied (Ihr Freunde und du goldner Wein)
Graduale in C (Benedictus es, Domine)
Dona nobi pacem für die Messe in F
Die Sterbende
Stimme der Liebe (Abendgewölke schweben hell)
Naturgenuß
An die Freude
Der vierjährige Posten
Des Mädchens Klage
Der Jüngling am Bache
An den Mond (Geuß, lieber Mond)
Die Mainacht
Amalia
An die Nachtigall (Geuß nicht so laut)
An die Apfelbäume, wo ich Julien erblickte
Seufzer
Mailied (Grüner wird die Au)
Sinfonie Nr. 3 in D
Auf den Tod einer Nachtigall
Mailied (Der Schnee zerrinnt)
Der Morgenstern

Jägerlied
Das Traumbild
Lützows wilde Jagd
Liebeständelei
Der Liebende
Die Nonne
Der Liedler
Die Liebe (Freudvoll und leidvoll)
Adelwold und Emma
Die Nonne
Der Traum
Die Laube
Jägers Abendlied
Meeres Stille
Meeres Stille
Kolmas Klage
Grablied
Das Finden
Fernando
Fernando
Der Abend (Der Abend blüht)
Lieb Minna
Salve Regina (Offertorium) in F
Wandrers Nachtlied (Der du von dem Himmel bist)
Der Fischer
Erster Verlust
Idens Nachtgesang
Von Ida
Die Erscheinung
Die Täuschung (Im Erlenbusch, im Tannenhain)
Das Sehnen
Hymne an den Unendlichen
Geist der Liebe (Wer bist du, Geist der Liebe)
Tischlied

Abends unter der Linde
Das Abendrot (Der Abend blüht, der Westen glüht)
Abends unter der Linde
Die Mondnacht
Claudine von Villa Bella
Huldigung
Alles um Liebe
Trinklied im Winter
Frühlingslied (Die Luft ist blau)
Willkommen, lieber schöner Mai
An den Frühling
Die Bürgschaft
Die Spinnerin
Lob des Tokayers
Die Schlacht
Das Geheimnis (Sie konnte mir kein Wörtchen sagen)
Hoffnung (Es reden und träumen die Menschen viel)
Das Mädchen aus der Fremde
Punschlied. Im Norden zu singen
Der Gott und die Bajadere
Der Rattenfänger
Der Schatzgräber
Heidenröslein
Bundeslied
An den Mond (Füllest wieder Busch und Tal)
Wonne der Wehmut
Wer kauft Liebesgötter?
Die Fröhlichkeit
Cora an die Sonne
Der Morgenkuß
Abendständchen. An Lina
Morgenlied (Willkommen, rotes Morgenlicht)

Trinklied (Auf! Jeder sei nun froh)

Bergknappenlied
Das Leben
An die Sonne (Sinke, liebe Sonne)
Der Weiberfreund
An die Sonne (Königliche Morgensonne)
Lilla an die Morgenröte
Tischlerlied
Totenkranz für ein Kind
Abendlied (Groß und rotentflammet)
Punschlied (Vier Elemente, innig gesellt)
Menuett in a mit Trio in F für Klavier
Ossians Lied nach dem Falle Nathos
Sonate in C für Klavier
Das Rosenband
Das Mädchen von Inistore
Cronnan
An den Frühling
Lied (Es ist so angenehm)
Furcht der Geliebten / An Cidli
Selma und Selmar
Vaterlandslied
An Sie
Die Sommernacht
Die frühen Gräber
Dem Unendlichen
Klage (Trauer umfließt mein Leben)
Shilric und Vinvela
Namensfeier (Gratulations-Kantate)
Hoffnung (Schaff, das Tagwerk meiner Hände)
An den Mond (Füllest wieder Busch und Tal)
Augenlied
Liane
Zwölf Ecossaisen für Klavier
Der Jüngling an der Quelle

Lambertine
Labetrank der Liebe
An die Geliebte
Wiegenlied (Schlummre sanft)
Mein Gruß an den Mai
Skolie (Laßt im Morgenstrahl des Mai'n)
Die Sternenwelten
Die Macht der Liebe
Das gestörte Glück
Sehnsucht (Nur wer die Sehnsucht kennt)
An den Mond
Hektors Abschied
Die Sterne (Wie wohl ist mir im Dunkeln)
Nachtgesang (Tiefe Feier schauert um die Welt)
An Rosa I (Warum bist du nicht hier)
An Rosa II (Rosa, denkst du an mich)
Idens Schwanenlied
Schwanengesang (Endlich stehn die Pforten offen)
Luisens Antwort
Der Zufriedene
Mignon (Kennst du das Land)
Hermann und Thusnelda
Klage der Ceres
Messe in B
Harfenspieler (Wer sich der Einsamkeit ergibt)
Die Freunde von Salamanka
Lorma
Erlkönig
Die drei Sänger
Das Grab
Das Grab
Der Entfernten
Der Entfernten
Laß dein Vertrauen nicht schwinden

Menuett in A mit Trio in E für Klavier
Menuett mit zwei Trios in E für Klavier
Menuett mit Trio in D für Klavier
Die Einsiedelei
An den Frühling
Amors Macht
Badelied
Sylphen
An mein Klavier
Am Tage Aller Seelen
Am ersten Maimorgen
Concerto in D für Violine und Orchester
Allegretto in C für Klavier
Allegro moderato in C für Klavier
Andantino in C für Klavier
Adagio in C für Klavier
Der Entfernten
Fischerlied
Licht und Liebe (Nachtgesang)
Streichquartett in E
Vier komische Ländler in D für 2 Violinen
Acht Ländler in fis für Violine (?)
Trinklied (Funkelnd im Becher)
Goldner Schein
Die Nacht (Du verstörst uns nicht)
Sehnsucht (Nur wer die Sehnsucht kennt)
Lied eines Schiffers an die Dioskuren
Am Bach im Frühlinge
Zufriedenheit
An Chloen (Die Munterkeit ist meinen Wangen)
Fischerlied

36 Originaltänze für Klavier
Siebzehn Ländler für Klavier

Der König in Thule
Jägers Abendlied
An Schwager Kronos
Neun Ländler in D für Violine (?)
Klage (Trauer umfließt mein Leben)
An die Natur
Lied (Mutter geht durch ihre Kammern)
Ein Ländler in B für Violine
Der Tod Oskars
Lorma
Das Grab
Acht Ländler in B für Klavier
Deutsches Salve Regine in F
Drei Menuette mit je zwei Trios für Klavier
Morgenlied (Die frohe neubelebte Flur)
Abendlied (Sanft glänzt die Abendsonne)
Stabat mater (Jesus schwebt am Kreuze)
Sonate in D für Violine und Klavier
Sonate in a für Violine und Klavier
Salve Regina in B für Chor (SATB)
Die Schlacht
Laura am Klavier
Des Mädchens Klage
Lebenstraum
Entzückung an Laura
Die vier Weltalter
Pflügerlied
Die Einsiedelei
An die Harmonie
Lebensmelodien
Gruppe aus dem Tartarus
Ritter Toggenburg
Frühlingslied (Die Luft ist blau)
Auf den Tod einer Nachtigall

Die Knabenzeit
Winterlied
Der Flüchtling
Lied (Ins stille Land)
Die Herbstnacht
Der Herbstabend
Abschied von der Harfe
Beitrag zur fünfzigjährigen Jubelfeier des Herrn von Salieri
Sonate in g für Violine und Klavier
Die verfehlte Stunde
Sprache der Liebe
Daphne am Bach
Stimme der Liebe (Meine Selinde)
Entzückung
Geist der Liebe (Der Abend schleiert Flur und Hain)
Klage (Die Sonne steigt, die Sonne sinkt)
Lied in der Abwesenheit
Sinfonie Nr. 4 in c (Tragische Sinfonie)
Stimme der Liebe (Abendgewölke schweben hell)
Julius an Theone
Zwölf Deutsche für Klavier
Sechs Ecossaisen für Klavier
Naturgenuß
Andenken
Erinnerungen
Lebensbild
Trinklied (Herr Bacchus ist ein braver Mann)
Trinklied im Mai
Widerhall
Minnelied
Die frühe Liebe
Blumenlied
Der Leidende
Seligkeit

Erntelied
Die Bürgschaft
Klage (Dein Silber schien durch Eichengrün)
Klage (Dein Silber schien durch Eichengrün)
Rondo in A für Violine und Streichorchester
An die Sonne (O Sonne, Königin der Welt)
Chor der Engel
Gütigster, Bester, Weisester
Das große Halleluja
Schlachtlied
Die Gestirne
Edone
Die Liebesgötter
An den Schlaf
Gott im Frühlinge
Der gute Hirt
Fragment aus dem Aeschylus
Prometheus
Messe in C
Requiem in c
Grablied auf einen Soldaten
Freude der Kinderjahre
Das Heimweh (Oft in einsam stillen Stunden)
An die untergehende Sonne
Aus Diego Manazares. Ilmerine
Sonate in E für Klavier
Drei Klavierstücke
Tantum ergo in C
Tantum ergo in C
An Chloen (Bei der Liebe reinsten Flammen)

Hochzeit-Lied
In der Mitternacht
Trauer der Liebe

Die Perle
Pflicht und Liebe
An den Mond (Was schauest du so hell)
Mignon (So laß mich erscheinen, bis ich werde)
Ouvertüre in B
Streichtrio in B
Kantate zu Ehren von Josef Spendou
Liedesend
Lied des Orpheus, als er in die Hölle ging
Abschied (Über die Berge zieht ihr fort)
Rückweg
Alte Liebe rostet nie
Gesänge des Harfners aus „Wilhelm Meister"
Harfenspieler II (An die Türen will ich schleichen)
Harfenspieler III (Wer nie sein Brot mit Tränen aß)
Sehnsucht (Nur wer die Sehnsucht kennt)
Der Sänger am Felsen
Lied (Ferne von der großen Stadt)
Gesang der Geister über den Wassern
Sinfonie Nr. 5 in B
Magnificat in C
Adagio e Rondo concertante in F für Klavierquartett
Auguste jam coelestium
Der Wanderer (Ich komme vom Gebirge her)
Der Hirt
Geheimnis (Sag an, wer lehrt dich Lieder)
Zum Punsche (Woget brausend, Harmonien)
Der Wanderer
Der Geistertanz
Abendlied der Fürstin
Bei dem Grabe meines Vaters
Klage um Ali Bey
An die Nachtigall (Er liegt und schläft)
Wiegenlied (Schlafe, schlafe, holder süßer Knabe)

Abendlied (Der Mond ist aufgegangen)
Phidile
Zufriedenheit
Herbstlied (Bunt sind schon die Wälder)
Mailied (Grüner wird die Au)
Am Grabe Anselmos
Adagio in Des für Klavier
Rondo in E für Klavier
Skolie (Mädchen entsiegelten, Brüder, die Flaschen)
Lebenslied
Leiden der Trennung
Vedi quanto adoro
Ecossaise in Es für Klavier
Klage (Nimmer länger trag ich)
La pastorella al prato
Nur wer die Liebe kennt
Die abgeblühte Linde
Der Flug der Zeit
Sehnsucht (Der Lerche wolkennahe Lieder)
Der Schäfer und der Reiter
An den Tod
Die Blumensprache
Frohsinn
Jagdlied
Die Liebe (Wo weht der Liebe hoher Geist?)
Trost (Nimmer lange weil ich hier)
Der Alpenjäger (Auf hohem Bergesrücken)
Wie Ulfru fischt
Fahrt zum Hades
Schlaflied
La pastorella al prato
Acht Ecossaisen für Klavier
An eine Quelle
Der Tod und das Mädchen

Das Lied vom Reifen
Täglich zu singen
Die Nacht (Die Nacht ist dumpfig und finster)
Lied (Brüder, schrecklich brennt die Träne)
Der Schiffer (Im Winde, im Sturme befahr ich den Fluß)
Sonate in a für Klavier
Gesang der Geister über den Wassern
Am Strome
Philoktet
Memnon
Antigone und Oedip
Auf dem See
Ganymed
Der Jüngling und der Tod
Trost im Liede
An die Musik
Orest auf Tauris
Mahomets Gesang
Die Forelle
Pax vobiscum
Hänflings Liebeswerbung
Auf der Donau
Uraniens Flucht
Liedentwurf in a ohne Text
Ouvertüre in D
Sonate in As für Klavier
Liebhaber in allen Gestalten
Schweizerlied
Der Goldschmiedgesell
Nach einem Gewitter

Fischerlied
Die Einsiedelei
Gretchen im Zwinger

Der Strom

Sonate in e für Klavier

Sonate in Des für Klavier

Sonate in Es für Klavier

Das Grab

Scherzo in D und Allegro in fis für Klavier

Sonate in fis für Klavier

Lied im Freien

Iphigenia

Sonate in A für Violine und Klavier

Sonate in H für Klavier

13 Variationen über ein Thema von Anselm Hüttenbrenner in a für Klavier

Entzückung an Laura

Abschied (Lebe wohl! Du lieber Freund!)

Der Knabe in der Wiege

Vollendung

Die Erde

Polonaise in B für Violine und Orchester

Streichtrio in B

Augenblicke im Elysium

Gruppe aus dem Tartarus

Elysium

Atys

Erlafsee

An den Frühling

Der Alpenjäger (Willst du nicht das Lämmlein hüten)

Sinfonie Nr. 6 in C

Ouvertüre „im italienischen Stile" in D

Ouvertüre „im italienischen Stile" in C

Ouvertüre „im italienischen Stile" in D für Klavier zu 4 Händen

Zwei Scherzi für Klavier

Der Kampf

Thekla (eine Geisterstimme)

Lied eines Kindes

Ouvertüre „im italienischen Stile" in C für Klavier zu 4 Händen

Variationen in A für Violine

Das Dörfchen

Generalbaßübungen

Vier Polonaisen für Klavier zu 4 Händen

Menuett in cis für Klavier

Ouvertüre in B für Streichquartett

Trois Marches Héroiques für Klavier zu 4 Händen

Introduktion, vier Variationen über ein Originalthema und Finale in B für Klavier zu 4 Händen

Klavierstück in A

Fantasie in C für Klavier

Fantasie in C für Klavier (Grazer Fantasie)

Marsch in E für Klavier

Evangelium Johannis 6, Vers 55-58

Rondo in D für Klavier zu 4 Händen

Die Geselligkeit

Trio in E für Klavier

Auf der Riesenkoppe

Adagio in E für Klavier

Sonate in C für Klavier

An den Mond in einer Herbstnacht

Entwürfe für zwei Sätze einer Sinfonie in D

Grablied für die Mutter

Sonate in B für Klavier zu 4 Händen

Deutscher in G mit zwei Trios und zwei Ländler in E für Klavier zu 4 Händen

Polonaise in B für Klavier zu 4 Händen

Sing-Übungen

Einsamkeit (Gib mir die Fülle der Einsamkeit)

Deutsches Requiem in g

Der Blumenbrief

Das Marienbild

Acht Variationen über ein französisches Lied in e für Klavier zu 4 Händen

Sonate in f für Klavier

Blondel zu Marien

Das Abendrot (Du heilig, glühend Abendrot!)

Sonett (Apollo, lebest noch dein hold Verlangen)

Sonett (Allein, nachdenklich)

Sonett (Nunmehr, da Himmel, Erde schweigt)

Blanka

Vom Mitleiden Mariä

Der Schmetterling

Die Berge

Leise, leise laßt uns singen

Sehnsucht (Ach, aus dieses Tales Gründen)

Hoffnung (Es reden und träumen die Menschen viel)

Der Jüngling am Bache

Widerschein

Zwei Tänze

Das Dörfchen

Viel tausend Sterne prangen

Deutscher in cis und Ecossaise in Des für Klavier

Das Grab

Die Zauberharfe

Abend (Wie ist es denn, daß trüb und schwer)

Die Gebüsche

Die Zwillingsbrüder

Ouvertüre in e

Der Wanderer (Wie deutlich des Mondes Licht zu mir spricht)

Abendbilder

Himmelsfunken

Das Mädchen (Wie so innig, möcht ich sagen)

Bertas Lied in der Nacht

An die Freunde

Sonate in cis für Klavier

Sehnsucht (Nur wer die Sehnsucht kennt)

Ruhe, schönstes Glück der Erde

Marie

Hymne I (Wenige wissen das Geheimnis der Liebe)

Hymne II (Wenn ich ihn nur habe)

Hymne III (Wenn alle untreu werden)

Hymne IV (Ich sag es jedem, daß er lebt)

Der 13. Psalm

Sonate in A für Klavier

Im traulichen Kreise

Kantate zum Geburtstag des Sängers Johann Michael Vogl

Quintett in A (Forellenquintett)

Ouvertüre in g für Klavier zu 4 Händen

Beim Winde

Die Sternennächte

Trost (Hörnerklänge rufen klagend)

Nachtstück

Die Liebende schreibt

Prometheus

Ouvertüre in F für Klavier zu 4 Händen

Salve Regina (Offertorium) in A

Strophe aus „Die Götter Griechenlands"

Messe in As

Zwei Ländler in Es für Klavier

Zwei Ländler in Des für Klavier

Zwölf Ländler für Klavier

Über allen Zauber Liebe

Die Wolkenbraut (Der Jäger ruhte hingegossen)

Die Sterne (Du staunest, o Mensch)

Morgenlied (Eh die Sonne früh aufersteht)

Frühlingsglaube

Nachthymne

Vier Canzonen für eine Singstimme mit Klavierbegleitung

Lazarus, oder: Die Feier der Auferstehung

Abendröte (Tiefer sinket schon die Sonne)

Die Vögel

Der Knabe

Der Fluß

Der Schiffer (Friedlich lieg ich hingegossen)

Namenstagslied (Vater, schenk mir diese Stunde)

Sechs Antiphonen zum Palmsonntag

Sechs Ecossaisen in As für Klavier

Des Fräuleins Liebeslauschen

Der entsühnte Orest

Freiwilliges Versinken

Sakuntala

Der Jüngling auf dem Hügel

Streichquartett in c

Gesang der Geister über den Wassern

Gesang der Geister über den Wassern

Der 23. Psalm

Der zürnenden Diana

Im Walde (Windes Rauschen, Gottes Flügel)

Entwürfe für eine Sinfonie in D

Frühlingsgesang

Im Gegenwärtigen Vergangenes

Lob der Tränen

Die gefangenen Sänger

Der Unglückliche

Gesang der Geister über den Wassern

Versunken

Grenzen der Menschheit

Suleika II (Ach um deine feuchten Schwingen)

Variation in c über einen Walzer von Anton Diabelli für Klavier

Geheimes

Suleika I (Was bedeutet die Bewegung?)

Mahomets Gesang

Deutscher in Ges für Klavier

Duett und Arie zu Hérolds „Das Zauberglöckchen"

Die Nachtigall (Bescheiden verborgen)

Linde Lüfte wehen

Mignon I (Heiß mich nicht reden)

Mignon II (So laßt mich scheinen, bis ich werde)

Johanna Sebus

Sinfonie in E

Tantum ergo in B

Der Blumen Schmerz

Alfonso und Estrella

Trois Marches Militaires für Klavier zu 4 Händen

Sechzehn Ländler und zwei Ecossaisen (Wiener Damen-Ländler) für Klavier

Galopp und acht Ecossaisen für Klavier

Ihr Grab

An die Leier

Im Haine

Tantum ergo in C

Frühlingsgesang

Sei mir gegrüßt

Der Wachtelschlag

Selige Welt

Schwanengesang (Wie klag ich's aus)

Die Rose

Am See (In des Sees Wogenspiele)

Geist der Liebe (Der Abend schleiert Flur und Hain)

Am Geburtstag des Kaisers

Herrn Josef Spaun, Assessor in Linz

Tantum ergo in D

Die Liebe hat gelogen

Nachtviolen

Heliopolis I (Im kalten, rauhen Norden)

Heliopolis II (Fels auf Felsen hingewälzet)

Kyrie für eine Messe in a

Du liebst mich nicht

Gott in der Natur

Todesmusik

Sinfonie Nr. 7 in h (genannt „Die Unvollendete", bisher Nr. 8)

Ouvertüre zu der Oper „Alfonso und Estrella" für Klavier zu 2 Händen

Fantasie in C für Klavier (Wandererfantasie)

Schatzgräbers Begehr

Schwestergruß

Des Tages Weihe

Der Musensohn

An die Entfernte

Am Flusse

Willkommen und Abschied

Wandrers Nachtlied (Über allen Gipfeln ist Ruh)

Zwei Deutsche für Klavier

Sonate in e für Klavier

Drang in die Ferne

Der Zwerg

Wehmut (Wenn ich durch Wald und Fluren geh)

Ouvertüre zu der Oper „Alfonso und Estrella" für Klavier zu 4 Händen

Auf dem Wasser zu singen

Daß sie hier gewesen

Du bist die Ruh

Lachen und Weinen

Greisengesang

Die Wallfahrt

Ich hab in mich gesogen

Valses sentimentales für Klavier

Moments Musicaux für Klavier

Zwölf Ecossaisen für Klavier

Ecossaise in D für Klavier

Deutsche und zwei Ecossaisen für Klavier

Sonate in a für Klavier

Der zürnende Barde

Viola

Die Verschworenen

Lied (Des Lebens Tag ist schwer und schwül)

Pilgerweise

Zwölf Deutsche für Klavier

Rüdiger

Vergißmeinnicht

Das Geheimnis (Sie konnte mir kein Wörtchen sagen)

Der Pilgrim

Die schöne Müllerin

Fierabras

Rosamunde, Fürstin von Zypern

Ouvertüre zu der Oper „Fierabras" für Klavier zu 4 Händen

Im Abendrot (O, wie schön ist deine Welt)

Der Einsame

Dithyrambe

Variationen in e für Flöte und Klavier

Oktett in F

Streichquartett in a

Der Sieg

Abendstern

Auflösung

Gondelfahrer

Gondelfahrer

Streichquartett in d (Der Tod und das Mädchen)

Salve Regina in C

Sonate in C für Klavier zu 4 Händen (Grand Duo)

Acht Variationen über ein eigenes Thema in As für Klavier zu 4 Händen

Vier Ländler für Klavier zu 4 Händen

Gebet (Du Urquell aller Güte)

Drei Ecossaisen für Klavier

Ungarische Melodie in h für Klavier

Divertissement à l'hongroise in g für Klavier zu 4 Händen

Six Grandes Marches für Klavier zu 4 Händen

Sechs Deutsche für Klavier

Sonate in a für Arpeggione und Klavier

Lied eines Kriegers

Divertissement sur des motifs originaux français in e für Klavier zu 4 Händen

Sechs Polonaisen für Klavier zu 4 Händen

Wehmut (Die Abendglocke tönet)

Ewige Liebe

Flucht

Der Tanz

Nacht und Träume

Die junge Nonne

Abschied (Leb wohl, du schöne Erde)

Lied der Anne Lyle

Gesang der Norna

Des Sängers Habe

Der blinde Knabe

Im Walde (Ich wandre über Berg und Tal)

Bootgesang

Coronach (Totengesang der Frauen und Mädchen)

Ellens Gesang I (Raste Krieger, Krieg ist aus)

Ellens Gesang II (Jäger, ruhe von der Jagd)

Ellens Gesang III (Hymne an die Jungfrau)

Sonate in C für Klavier

Zwei Deutsche für Klavier

Totengräbers Heimwehe

Lied des gefangenen Jägers

Walzer in G für Klavier (Albumblatt)

Sonate in a für Klavier

Normans Gesang

Trinklied aus dem 16. Jahrhundert

Nachtmusik

Sinfonie

Sonate in D für Klavier

Das Heimweh (Ach, der Gebirgssohn)

Die Allmacht

Auf der Bruck

Fülle der Liebe

Wiedersehn

Abendlied für die Entfernte

Zwei Szenen aus dem Schauspiel „Lacrimas“

Marsch für zwei Klaviere zu 8 Händen

Grande Marche Funèbre in c für Klavier zu 4 Händen

An mein Herz

Der liebliche Stern

Um Mitternacht

An Gott

Das Totenhemdchen

Widerspruch

Vier Refrainlieder

Wiegenlied (Wie sich der Äuglein kindlicher Himmel)

Das Echo

Totengräber-Weise

Der Wanderer an den Mond

Das Zügenglöcklein

Deutsche Messe

Kanon zu 6 Stimmen in A

Nachklänge

O Quell, was strömst du rasch und wild

Mondenschein

Die Allmacht

Im Jänner 1817

Gesänge aus „Wilhelm Meister“

Am Fenster

Sehnsucht (Die Scheibe friert, der Wind ist rauh)

Im Freien

Fischerweise

Im Frühling

Lebensmut (O wie dringt das junge Leben)

Über Wildemann

Grande Marche Héroique in a für Klavier zu 4 Händen

Streichquartett in G

Trinklied (Bacchus, feister Fürst des Weins)

Ständchen (Horch, horch! die Lerch im Ätherblau)

Hippolits Lied

Gesang (Was ist Silvia, saget an)

Nachthelle

Grab und Mond

Sonate in G für Klavier (Fantasie)

Rondo in h für Violine und Klavier

Fröhliches Scheiden

Sie in jedem Liede

Wolke und Quelle

Trio in Es für Klavier, Violine und Violoncello (Notturno)

Trio in B für Klavier, Violine und Violoncello (Notturno)

Vier Impromptus für Klavier

Allegretto in c für Klavier

Wein und Liebe

Drei Gesänge für Baßstimme mit Klavier

Zur guten Nacht

Alinde

An die Laute

Der Vater mit dem Kind

Romanze des Richard Löwenherz

Acht Variationen über ein Thema aus der Oper „Marie“ von Hérold
für Klavier zu vier Händen

Jägers Liebeslied

Schiffers Scheidelied

Winterreise

Schlachtlied

Nachtgesang im Walde

Frühlingslied (Geöffnet sind des Winters Riegel)

Allegretto in c für Klavier

Das stille Lied

Liedentwurf in C ohne Text

Klavierstück in C

Klavierstück in c

Das Lied im Grünen

Der Graf von Gleichen

Frühlingslied (Geöffnet sind des Winters Riegel)

Ständchen (Zögernd, leise)

Ständchen (Zögernd, leise)

Heimliches Lieben

Eine altschottische Ballade

Zwölf Grazer Walzer für Klavier

Grazer Galopp für Klavier

Das Weinen

Vor meiner Wiege

Marsch in G für Klavier zu 4 Händen (Kindermarsch)

Trio in Es für Klavier, Violine und Violoncello

Der Hochzeitsbraten

Der Wallensteiner Lanzknecht beim Trunk

Der Kreuzzug

Des Fischers Liebesglück

Fantasie in C für Violine und Klavier

Vier Impromptus für Klavier

Kantate für Irene Kiesewetter

Entwürfe für eine Sinfonie in D

Lebensmut (Fröhlicher Lebensmut)

Der Winterabend

Die Sterne (Wie blitzen die Sterne)

Fantasie in f für Klavier zu 4 Händen

Hymnus an den Heiligen Geist

Mirjams Siegesgesang

Auf dem Strom

Sinfonie Nr. 8 in C

Deutscher für Klavier

Herbst (Es rauschen die Winde)

Drei Klavierstücke

Allegro in a für Klavier zu 4 Händen (Lebensstürme)

Hymnus an den Heiligen Geist

Widerschein

Messe in Es

Rondo in A für Klavier zu 4 Händen

Fuge in e zu 4 Händen für Orgel oder Klavier

Der 92. Psalm

Glaube, Hoffnung und Liebe (Gott, laß die Glocke glücklich steigen)

Glaube, Hoffnung und Liebe (Glaube, hoffe, liebe!)

Streichquintett in C

13 Lieder nach Gedichten von Rellstab und Heine (Schwanengesang)

Sonate in c für Klavier

Sonate in A für Klavier

Sonate in B für Klavier

Benedictus für die Messe in C

Tantum ergo in Es

Tenor-Arie mit Chor (Intende voci)

Hymnus an den Heiligen Geist

Der Hirt auf dem Felsen

Die Taubenpost

Fugenübungen

Orchesterzwischenspiel

Fragment eines Orchesterstückes in D

Entwürfe für ein Orchesterstück in A

Fugenentwürfe für Klavier

Allegro moderato in C und Andante in a für Klavier zu 4 Händen („Sonatine")

Introduktion, vier Variationen über ein Originalthema und Finale in B für Klavier zu 4 Händen

Deux Marches Caractéristiques in C für Klavier zu 4 Händen

Zwölf Walzer für Klavier (Valses nobles)

Sechs Ländler für Klavier

Drei Deutsche für Klavier

Drei Deutsche für Klavier

Drei Deutsche für Klavier

Zwei Deutsche für Klavier

Deutscher in D für Klavier

Cotillon in Es für Klavier

Acht Ecossaisen für Klavier

Walzer in As für Klavier

Walzer in G für Klavier

Zwei Walzer für Klavier

Zwei Tänze

Zwei Ländler in Es für Klavier

Zwei Ländler in Des für Klavier

Walzer in C für Klavier

Zwei Tänze für Klavier

Marsch in G für Klavier

Der Minnesänger

Entwürfe für eine Oper

Jünglingswonne

Liebe

Zum Rundetanz

Die Nacht (Wie schön bist du)

Der Wintertag

Gott im Ungewitter

Gott der Weltschöpfer

Jesus Christus unser Heiland, der den Tod überwand (Osterlied)

Liebe säuseln die Blätter

Begleitung für Klavier in B

Vollendung

Die Erde

Der Graf von Habsburg

Kaiser Maximilian auf der Martinswand

Augenblicke im Elysium

Das Echo

Die Schiffende

L'incanto degli occhi

O so laßt euch froh begrüßen

Wer wird sich nicht innig freuen

Sonate in c für Klavier

Fantasie in e für Klavier

Sechs Menuette für Bläser

Ouvertüre in D

Sinfonie in D

Bruchstück aus einem Satz in d oder F für Streichquartett

Nicht die historische Person Schuberts ist Gegenstand der Ausstellung. „Niedergeknüppelt werden“ sollte der Besucher nach Otto Brusatti von der Menge des Werks.

Einer räumlichen Darstellung kommt diese Abstraktion entgegen. Räumliche Eigenschaften können eine Parallelität zur Musik Schuberts annehmen – freilich in gewissem Abstand. Aber Themen wie das endlose mäßige Fortschreiten, die verwandelnde Wiederkehr des Gleichen, das dem äußeren Chaos entgegengesetzte kunstvoll überformte Chaos (anstelle seiner Bändigung durch Klassizität) können auch architektonische Themen sein.

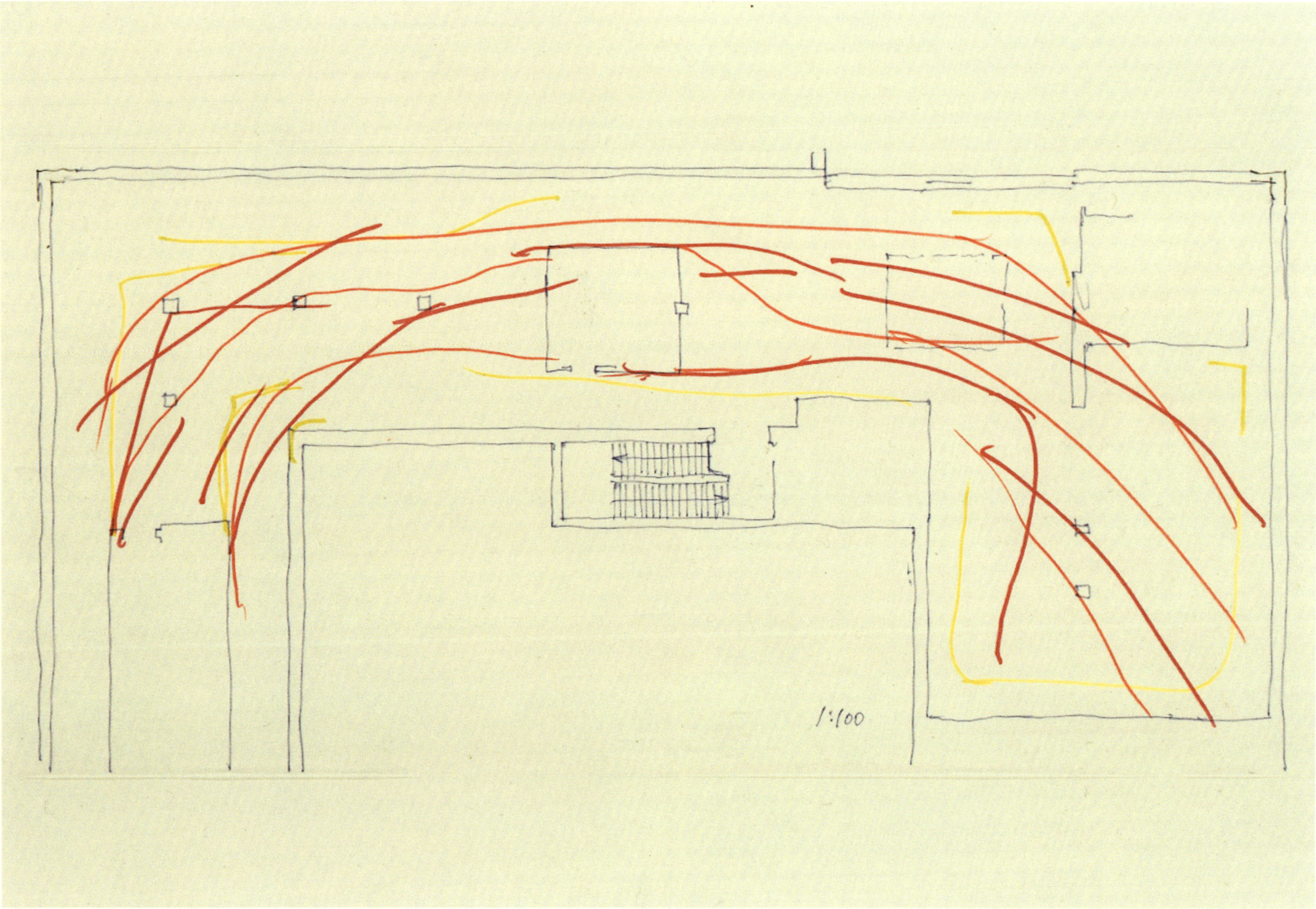
1:100

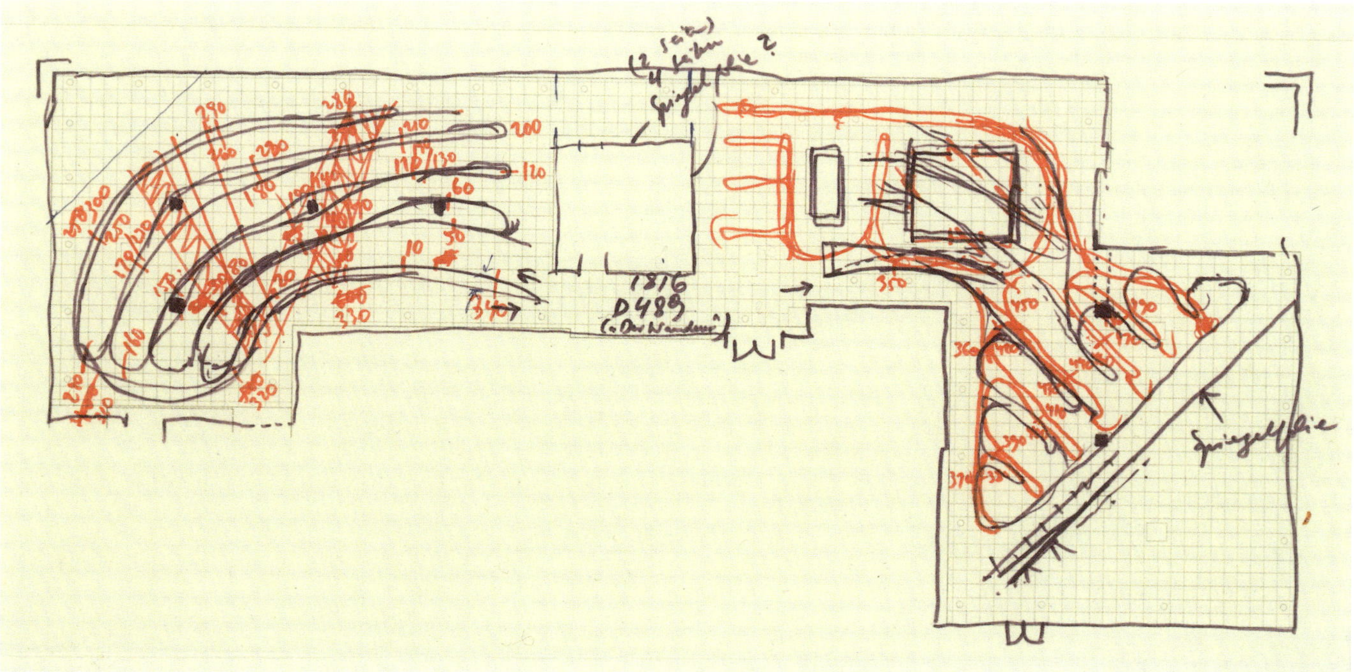
1816
D489
Spiegelfolie

Symphonie-Entwürfe und -Fragmente

D 936 A

14275/c
Nicolaus Dumba

Das Buch ist kein Ausstellungskatalog. Es soll als Begleitbuch für eine Ausstellung dienen, die für sich schon nur einen der besonderen Aspekte darstellt. Schubert 97 (die Exhibition zum 200. Geburtstag im Historischen Museum der Stadt Wien, Karlsplatz) ist eine Installation. Man geht davon aus, daß all das, was wir von Schubert tatsächlich besitzen, aus rund 1000 Werken besteht, aus nicht mehr, aber auch nicht weniger. 1000 Werke als herausragender Besitz der gesamten europäischen Kulturgeschichte.

Aus 1000 Werken und sonst nichts (eine Brille vielleicht noch, vielleicht auch eine Haarlocke).

Schubert und seine Zeit? Nichts paßt da zusammen. Er hat sich nicht einmal geäußert dazu (oder vielleicht doch? – lesen wir einmal in den von ihm vertonten Texten ... aber das ist wohl eine andere Geschichte).

Schubert, der Liederfürst, der verbindliche Biedermeier-Melodiker, der Ausgangspunkt fürs Wienerische? Nichts paßt da zusammen. Er ist ein Komponist der Abgründe, des Expressionismus – auch und vielmehr noch zwischen den hellsten Noten.

Das Buch ist kein Ausstellungskatalog, sondern ein Begleitbuch (gestaltet von Maria-Anna Friedl). Seine Form entspricht einem Notendruck oder dem vor allem damals verwendeten Querformat-Notenpapier der Schubert-Zeit. Es bringt eingangs, durchaus bewußt und zur Leseverblüffung hingesetzt, den enormen Werkkatalog, unkommentiert, bloß in den entschlackten Titeln (Schubert hat dazu schätzungsweise über 5000 Notenblätter zumeist voll beschrieben). Es (das Buch zur Ausstellung) bringt in Beitragsform eine Reihe von Aspekten, meist gar nicht so sehr zum Komponisten selbst, sondern als Hilfen zur Annäherung an dieses Komponisten-Phänomen (das ja doch bei steter Beschäftigung als Person immer ferner und vielleicht sogar fremder wird); die Autoren waren gebeten, sich durchaus auch persönlich zu äußern. Es bringt Texte von Schubert; es vermittelt vergleichsweise viele Noten: Schubert der Komponist während rund 17 Jahren, Schuberts Musik in ihrer ersten Verbreitung, Schubert arbeitend, hervorstreichend, ausstreichend. –

Das Buch ist kein Ausstellungskatalog, es soll nur die Installation begleiten. Eine von Hermann Czech entworfene, gebaute, ja durch ein ganzes Geschoß geschwungene Installation, die bloß die Wahrheit 200 Jahre später, nach 200jähriger Überlieferung wiedergibt. Schuberts Werk, der Ablauf seiner Genese, die Darstellungsweisen für Musik in Handschrift und Druck, die Zusammenfassung mittels eines sich scheinbar unendlich weitenden Verzeichnisses, eben diese 1000 Kompositionen. Alles begleitet ganz bewußt mit schmalem sonstigen Text, mit getrennter Musik, mit wenig an Spontanerinnerung. –

Das Buch ist kein Ausstellungskatalog, wahrscheinlich nicht einmal ein Lesebuch. Es begleitet auch nicht eben fortschreitend durch die Jahre zwischen 1797 und 1828. Es begleitet die Spezial-Schubertausstellung der Geburtsstadt Wien, es lädt zum Schauen ein. Es mag nicht Biographie und Bildband sein. Es accompagniert. Franz Schubert (aus den Notizen 1824): „Man glaubt immer, zu einander zu gehen, und man geht immer nur neben einander."

SCHUBERT[97]

SCHUBERT / AHNEN

Weiter weg von der ehemaligen Siedlung, im dichten, hüfthohen Gras, auf der mäßig abfallenden Wiese entdeckten wir es endlich: zuerst rote Äpfel im krautigen Dickicht am Boden, dann die zerfallenen Mauersteine. Die Überreste jenes Hofes, der als das „Schubert-Haus" in Mähren ein Begriff sein müßte: geht es doch um das Domizil der väterlichen Vorfahren Franz Schuberts. Hier in Neudorf im Altvatergebirge (heute Vysoká, Bezirk Sumperk) verbrachten seine Großeltern ihr Leben, in dieser Erde fanden Generationen von Schuberts (seit dem 16. Jahrhundert) ihre letzte Ruhe, und letztlich nahm der Vater des Komponisten das verinnerlichte Bild dieser Gegend mit nach Wien und vermittelte es weiter.

Es ist merkwürdig, daß erst zu Beginn des 20. Jahrhunderts dieses kleine Neudorf unter mehr als zehn weiteren gleichnamigen Orten in Mähren als die Heimat der Schuberts identifiziert wurde. Nach dem Tod Franz Schuberts ruhte also fast hundert Jahre hindurch diese Landschaft völlig unbeachtet von den Schubert-Fans. Vielleicht hat ihre herbe Schönheit die geheimnisvolle Aura nur um so besser bewahrt? Denn heute, weitere hundert Jahre später, kann man ihr bestenfalls ein paar „Indizien" entreißen. Die Geschichte der Schuberts ist nun einmal nur unvollständig, bruchstückhaft nachvollziehbar. Ja, in Symbolen ... Die verwilderten Apfelbäume an diesem Rande Neudorfs gehörten dereinst noch zum Schubertschen Garten, in dem der Bauernhof Nr. 41 gestanden war. – Nur dank dieser Bäume konnten wir das Grundstück in der heute freien Landschaft finden. Die Luft lag an diesem Spätsommertag wie ein schwerer Teppich auf dem ganzen Bergplateau, auf diesem Fleck, der seinerzeit zum nördlichsten Gebiet der Monarchie gehörte und auch von der deutschsprachigen Bevölkerung besiedelt wurde. Alles war so intensiv, die Farben, das Summen der Bienen, die Düfte, die Lichtreflexe. Die alten Bilder drängten sich ganz von selbst auf.

Auf der Wiese steht das Haus des Großvaters mit einem massiven Steinsockel und weiß gekalkten Mauern, von gepflegten Obstbäumen umgeben. Von unten, aus einer kleinen Senke herauf, dringt doch tatsächlich das Murmeln des Baches. Von der Neudorfer Dreifaltigkeitskapelle sieht man von dieser Stelle kaum die Spitze, auch keinen Nachbarhof. Die Schuberts genießen mehr als die anderen Dorfbewohner die auf der Berglehne so mächtig spürbare Abgeschiedenheit. Nicht die Stille allein macht das aus, auch nicht nur die Einsamkeit; man lebt hier, ohne in die Täler schauen zu können, ohne die Möglichkeit, dem Blick eine Abwechslung zu bieten, man ist einfach nur ausgeliefert. Lebt es sich da unter dem ständigen Blick Gottes, der ganz nah scheint? Ohne Zwischenraum, nur „hier" und „dort"? Das ganze Leben lang verspüren die Schuberts diesen engsten Kontakt zwischen Diesseits und Jenseits. Gewiß sind nicht alle gleich empfänglich dafür, wer weiß das schon? Der Großvater von Franz ganz gewiß! Er führt sozusagen einen Dialog mit seinem Gottvater.

Dieser Großvater Carl heiratete 31jährig im Jahr 1754; ist etwa der Krieg zwischen Preußen und Österreich und der lange Soldatendienst der Grund für diese damals unüblich spät geschlossene Ehe? Sie heißt Susanne Mück und entstammt einer ebenso alteingesessenen Neudorfer Bauernfamilie. Als das jüngste der neun Kinder übernimmt Carl zunächst das kleine Elternhaus. 1759 kauft er mit geborgtem Geld seinen Schwiegereltern deren Bauernhof auf der Wiese ab und wird damit vom „Häusler" zum Bauern. Es versteht sich: zum leibeigenen Bauern. Er bleibt ja Untertan. Die Obrigkeit hat ihren Sitz im nicht zu weit entfernten Goldenstein (heute Branná). Dort, im romantisch gelegenen Schloß, befindet sich die Liechtensteinische Verwaltung, das „hochfürstliche Oberamt". Die Herrschaften selbst visitieren kaum die nördlichste ihrer Besitzungen, die 20 Dörfer, eine Stadt („Altstadt") und 15.000 Menschen zählt. Wenn Carl Schubert etwas von den Behörden braucht oder selbst zitiert wird, muß er sich wohl oder übel nach Goldenstein bemühen. Es sind zwar nur 16 Meilen (Kilometer), er braucht aber immerhin sechs Stunden zu Fuß. Pferd hat er keines. Etwa auf der halben Strecke liegt Altstadt mit Händlern, Handwerkern, einer Brauerei, einem „Spital". Jeden Dienstag wird hier der Markt abgehalten; eine Möglichkeit, das am Hof Fehlende anzuschaffen. In jener Gemeinde hatten übrigens alle seine Vorfahren und auch er selbst geheiratet, zu Zeiten, als es noch keine näher gelegene Kirche gegeben hat.

In dieser Gegend der Berge, der Täler und der Schluchten gleicht jeder Weg einer Wanderung. Um mit der Sense aufs Feld zu kommen, um Holz aus dem Wald zu holen, um am Sonntag zur Messe zu gehen, zu heiraten, Kinder taufen zu lassen – es läuft immer auf eine Wanderung hinaus. Erst recht der letzte Weg der sterblichen Überreste zum Friedhof. Mühsam ist der Weg und lang für den einsamen Wanderer und doch so reizvoll. Carl muß zunächst bergab, zum Bach hinunter, an einem Marterl vorbei, dann auf sich schlängelndem Weg wieder hinauf, bis zu den schmalen Felderstreifen ganz oben am Bergkamm, wo es sich gut rasten läßt. Hinter ihm die 41 Häuser von Neudorf wie weiße Punkte auf einer grünen Tafel, sein Haus abseits und tiefer; vor ihm erhebt sich der weiße Turm der neuerbauten Kirche, umgeben von einer Handvoll Häusern: Hohenseibersdorf (heute Vys. Zibridovice), wo auch die Neudorfer zugehörig sind. Erst von diesem nächstgelegenen Ort kann der Weg weiter fortgesetzt werden. Man kennt diese „Wanderung" seit jeher; und seit von Maria Theresia die Schulpflicht eingeführt worden ist, heißt es auch für alle Kinder aus Neudorf zur Schule zu gehen, jeden Tag denselben Weg, zweimal. Um in der einzigen Sammelklasse der Pfarrschule Schreiben, Rechnen und Lesen zu lernen.

Der Großvater arbeitet fleißig, sein Besitz (kein Eigentum, es geht eher nur um die Nutzungsrechte) wird immer größer, wenn er auch – den hiesigen Verhältnissen entsprechend – recht bescheiden ist: einmal kauft er ein kleines Feld auf „Passing" oder „Sauberg", dann wieder ein Stück Wald dazu, so daß in den Steuererklärungen sein Name mit der Zeit unter den „mittelgroßen" Bauern zu finden ist. Nein, vom Leinenverkauf, wie es manchmal vermutet wurde, kann er nicht nur nicht reich werden, von so einem Erwerb kann überhaupt keine Rede sein; auf der Berglehne wächst kein Flachs. Die Goldensteiner Verwaltung verteilt den „obrigkeitlichen", in den niedrigen Lagen geernteten Flachs an die Neudorfer Bauern zur Verarbeitung. So ist es auch unter den Pflichten des Untertanen Carl Schubert festgehalten. Und dazu Abgaben von Korn, Haber, Hühnern, Eiern, Futter an die Liechtensteiner und an den Pfarrer. Außerdem muß aus dem Haus Schubert jede Woche eine Person zur Robot, Arbeit „zu Fuß" leisten.

Die Familie wächst, Carl ist beliebt und geachtet. Ist es vielleicht seine Fröhlichkeit, weshalb er so gern zu Hochzeiten eingeladen wird? Insgesamt über vierzigmal scheint er als Trauzeuge auf! Er kann auch schreiben und nutzt das eine Zeitlang in „amtlichen Angelegenheiten": Als Ältester beim Dorfgericht seiner Heimatgemeinde fügt er seine Unterschrift zu denen der anderen.

Dieser „einfache" Bauer setzt etwas sehr Erstaunliches ins Werk. Genau dort oben auf dem Bergrücken, auf der höchsten Stelle zwischen Neudorf und Hohenseibersdorf, läßt er eine Statue errichten. Der einfache Bauer Carl Schubert. Der in aller Einsamkeit leidende Christus am Ölberg – das ist die Szene aus dem Leben Christi, die ihn fasziniert. Warum? Ist ihm an diesem Ort irgend etwas zugestoßen? Oder möchte er gar Buße tun? Auf jeder

Seite des Sockels sind Kartuschen mit Zitaten aus den Evangelien angebracht:

„Die Leidensinstrument drohn mir ein schrecklich End"

„Ich habe die Kelter allein getreten und es war niemand aus dem Volke mit mir"

„Ei üb doch Reu und Buß, dann geb ich dir … Liebeskuß"

„Meine Seele ist betrübt bis in den Tod"

und so weiter. Diese Darstellung in der freien Landschaft ist äußerst seltsam. Und dazu auch ohne übliche Attribute, dafür aber von einem Brunnen ergänzt und auf der Rückseite mit einer lakonisch formulierten Widmung versehen: „Aufgerichtet von einem unwürdigen Liebhaber Carl Schubert aus Neudorff Nr. 41 anno 1780".

Er kann sein Denkmal sogar von seinem Haus aus in der Ferne sehen. Eine persönliche Brücke zum Himmel. Wenn er oben vorbeikommt, kann er die Finger in den Brunnen tauchen und das Kreuzzeichen machen, verweilen, mit seinem Gott sprechen. Auch alle seine Nachbarn gehen an diesem Symbol vorbei. Und jeder sieht, und jeder versteht. Wir heute sehen zwar, aber wir verstehen nicht. Die Landschaft behütet das Geheimnis.

Wie kommt Carl Schubert zu diesem spätbarocken Denkmal, dessen Errichtungskosten etwa der Kaufsumme seines Bauernhofes entsprochen haben, einem Denkmal, wie man es in ganz Böhmen und Mähren kein zweites Mal findet? Könnte es wirklich aus der Werkstatt des in Schlesien und kurze Zeit auch in Nordböhmen tätigen Bildhauers Johann Schubert (gestorben 1792) stammen, der womöglich auch mehr als nur ein Namensvetter war? …

Kurz nach der Fertigstellung verpflichtet sich die Gemeinde Neudorf, für das Denkmal zu sorgen. Am Fuße wird noch ein Lindenbaum gepflanzt. (Für Romantiker ist damit die Zahl der Symbole wohl komplett: Wandern, Wasser, Brunnen, Bach und noch der Lindenbaum.)

Wir sind denselben Weg hinaufgegangen wie die Menschen im 18. Jahrhundert. Der Blick war wohl ähnlich wie damals, mit dem Unterschied, daß die Zitate kaum zu entziffern sind, daß der Sandstein dem Zahn der Zeit nicht mehr gut Widerstand leisten kann und bröckelt, daß der Brunnen ausgetrocknet ist und schon bedenklich schief steht, daß der Lindenbaum mit seinen Wurzeln die Hinfälligkeit noch beschleunigt und daß der zum himmlischen Vater gewandte Kopf Christi schon inmitten der dichten Baumkrone schwebt. Der Lindenbaum und das Denkmal sind zu einer einzigen Gestalt zusammengewachsen. Der Großvater des Komponisten hat sich hier auf eine seltsame, berührende Art verewigt.

Ein Rätsel, dieser Mann. Er selbst stammt aus einer kinderreichen Familie, setzt innerhalb von 23 Jahren zusammen mit seiner Frau 13 Kinder in die Welt. Eine Kinderschar, eigentlich zu groß für die bescheidenen Bedingungen eines nordmährischen Gehöfts. Aber der Zeit entsprechend werden die meisten ja auch gar nicht erst erwachsen. Wahrscheinlich werden in der Familienchronik die Geburts- und Sterbedaten vermerkt, genauso wie es eine Generation später bei den Schuberts in Wien geschieht. Es überleben zwei Söhne und drei Töchter. Die Jungen sind: der erstgeborene Sohn Carl Alois (der zukünftige Onkel des Komponisten) und das sechste Kind, der um acht Jahre jüngere Franz Theodor Florian, der Vater des musikalischen Genies. Es gibt also sonst keine männlichen Nachfolger, und trotzdem trifft Großvater Carl eine gewagte Entscheidung: Seine Söhne sollen gebildete Menschen werden. Sie sollen lernen; und damit den Bauernstand und in weiterer Folge auch die Heimat verlassen. Wie weit sind ihre Lebenswege von Carl gewissermaßen vorgegeben? Was für Beweggründe hat der Neudorfer Bauer? Und welche Opfer muß er selbst dafür bringen? Auf jeden Fall verlassen eines Herbsttages 1770 beide Buben gemeinsam ihr Heim. Das Ziel ist das Jesuitengymnasium mit seinem Kolleg in Brünn. Der 15jährige Carl Alois führt sich gut, der 7jährige(!) Franz Theodor kämpft offenbar mit größten Schwierigkeiten, kann den Anforderungen – deutsch und lateinisch zu schreiben – kaum entsprechen: bei der Abschlußprüfung hat der „rudimentarista“ keinen Erfolg zu verzeichnen. Im nächsten Jahr fährt Carl Alois ohne seinen jüngeren Bruder nach Brünn, aber dennoch nicht allein. Auch aus dem benachbarten Hohenseibersdorf interessiert sich jemand für das Studium bei den Jesuiten. Der Versuch mit Franz Theodor wird erst drei Jahre später wiederholt.

Mit seinen dann zehn Jahren darf er aber gleich als „primista“ das Studium aufnehmen. Diese Studienjahre in Brünn fallen übrigens in bewegte Zeiten. Zunächst sind es kleinere Schulreformen, dann wird das Gymnasium mit sechs Patres und 300 Schülern im Zuge weiterer Reformen direkt dem Staat unterstellt und ändert seinen Standort. Ein Jahrhundert später wird der Jesuitenkomplex größtenteils abgetragen, so daß heute nur noch die Kirche und ein Eingangstor mitten im Zentrum Brünns erhalten sind.

Welche Musik hört der Vater des Komponisten hier, bei welchen Aufführungen wirkt er selbst mit? Jedenfalls wird er einmal von den in Brünn erworbenen Kenntnissen als Lehrer in der Kaisermetropole profitieren.

Im Schuljahr 1778 beendet „Franciscus Schuberth aus Neudorf“ sein Studium in der mährischen Hauptstadt. Sein älterer Bruder heiratet, mittlerweile Lehrer in Wien, in der Residenzstadt! Eine verlockende Vision auch für den jüngeren Bauernsohn, der vorläufig auch noch die Bauernkleider trägt; vielleicht beim Lehrer in Hohenseibersdorf aushilft, vielleicht auf der Orgel in der dortigen St.-Leonhards-Kirche spielt, wie es eine Legende besagt.

Wir waren in diesem Hohenseibersdorfer Gotteshaus: eine typische dörfliche Barockhallenkirche, zwei kleine Seitenaltäre, ein paar Heiligenstatuen und sonst vom Holzwurm befallene Kirchenbänke. Fast an jeder Bank Zettel, die Innenwände beklebt mit diesen alten vergilbten Zetteln: „Dieser Platz wurde erkauft von ...“, und dann die Namen von Seibersdorfer und Neudorfer Familien. Aus dem 19., aus dem späten 18. Jahrhundert; noch ganz so, wie es geblieben sein mag, seit die Menschen aufgehört haben, an prestigeträchtigen Plätzen im Haus Gottes ihre Kaufbestätigungen zu befestigen. Und so suchten wir mit allen erdenklichen Verrenkungen im Lichte der Taschenlampe die Reihen von Bänken durch, bis wir fündig wurden. Dann setzten wir uns auf die Plätze der beiden verheirateten Töchter des Carl Schubert, der beiden Tanten des Komponisten. Vielleicht waren es gar die Stammsitze der Schuberts? Dann hätten sie ein ähnliches Schicksal gehabt wie der Bauernhof, der von einer Tochter und ihrem Mann übernommen wurde, nachdem die beiden Söhne nach Wien gezogen und Carl selbst 1787 gestorben war. Erst wenn jemand gestorben war, wurden die „Kirchensitze“ nämlich weiterverkauft. Daß wir so viele dieser uralten Papierzettel intakt vorgefunden haben, grenzt doch an ein Wunder; auf dem die Kirche umgebenden Friedhof kein Grab, kein Kreuz; nur zerfallene, zerschlagene Steine. Da draußen waren all die dramatischen Ereignisse passiert, das Neue und Neueste hatte immer das Vorangegangene überrollt, die alten Bewohner sind vertrieben worden. In der Kirche aber war die Zeit stehen geblieben.

Nur 40 Kilometer Luftlinie entfernt von Neudorf liegt Zuckmantel (Zlaté Hory), der Geburtsort der Mutter des Komponisten. Trotz dieser geographischen Nähe hatten Franz Theodor Schubert und Elisabeth Vietz einander erst in Wien kennengelernt. Und obwohl heute beide Orte, sowohl Neudorf als auch Zuckmantel, gleichermaßen in einem Dornröschenschlaf liegen (und es fragt sich, ob sie je wachzuküssen sind), ist ihre Vergangenheit äußerst unterschiedlich. Das heute menschenleere Neudorf liegt seit jeher gut geschützt auf der Hochebene, abseits jeder menschlichen Bedrohung, aber auch ohne Aufstiegsmöglichkeiten; das einst österreichisch-schlesische Zuckmantel rühmt sich hingegen einer stolzen Vergangenheit, hat andererseits aber auch leidvolle Kriegserfahrungen und Wirtschaftsmiseren hinter sich.

Das Leben ist in Zuckmantel manchmal unruhig, bisweilen recht gefährlich. Blütezeiten werden von kriegerischen Perioden abgelöst. Auch die Familie Vietz ist natürlich diesem ständigen Auf und Ab ausgesetzt. Einmal finden die Erzeugnisse des „Schlossers, Schmiedes und Büchsenmachers" – ein bei den Vietz mehr oder minder vererbter Beruf – reißenden Absatz, dann kommt wieder eine Flaute. Glücklicherweise besitzen sie aber auch kleine Felder und Haustiere und dazu noch die Berechtigung zum Bierbrauen.

„Zu Dreiviertel von Mauern, unten: eine Stube, ein Gwölb', eine Kuchel, ein Keller, eine Stallung, oben unausgebaut" – so schaut das Haus auf der Hauptstraße aus. Die „hochfürstlich-bischöflich freie Bergstadt Edelstadt, vulgo Zuckmantel" liegt an der Straße von der Residenzstadt Wien nach Schlesien und weiter nach Preußen. Sie entstand entlang dieser Straße mit einem Fluß in der Mitte. Die alten Holzhäuser werden mit der Zeit durch barocke Bauten der Handwerker und Kaufleute ersetzt; mit üppigen, bunten Giebeln, mit verzierten Fassaden, so wie sich das für eine schmucke Stadt gehört. Zu der älteren Kirche kommt die große, geräumige Pfarrkirche mit zwei hochragenden Türmen, die auch zur Zeit der Wallfahrten die Pilgerscharen leicht aufnehmen kann. Zuckmantel ist ja ein bekannter schlesischer Wallfahrtsort. Das barocke Stadtbild ergänzten noch das Spital, die Curia und einige Verwaltungsgebäude, das Gefängnis und die fortschrittliche Einrichtung, die stets für frischen Wind sorgt: das Postgebäude! Einmal in der Woche kommt die Postkutsche aus Wien und hält fast genau gegenüber dem Vietzschen Haus. Alles „Aufregende" spielt sich vor ihren Augen ab. Anders sieht das Treiben natürlich in unruhigen Zeiten aus. Und die Großeltern des Komponisten haben das Pech, eines der schwersten Kapitel der Zuckmantler Geschichte erleben zu müssen. Die Stadt selbst wird zu einem der Schauplätze der preußisch-österreichischen Kriege, die ganze Gegend ist ein ständiges Durchzugsgebiet der beiden Armeen. Die Büchsenmacher mögen zwar gefragt sein, die Armeen holen sich jedoch ganz rücksichtslos einen hohen Tribut: die Bewohner müssen für die Verpflegung aufkommen. Die üppigen Flachsfelder werden vernichtet und damit auch die wirtschaftliche Grundlage Zuckmantels; die Stadt wird einige Male ausgeplündert, die Bevölkerung dezimiert, auch ein großer Brand bleibt ihr nicht erspart. Der „Höhepunkt" sollte aber erst noch kommen, als eines Tages am Stadtrand mächtige Grenzpflöcke errichtet und Grenzpatrouillen stationiert werden. Die österreichische Monarchie verliert einen Teil Schlesiens an Preußen. Damit liegt Zuckmantel plötzlich an einer toten Grenze in bedeutungsloser Lage. Wie leben da die Vietz?

In den Kriegswirren heiratet der 25jährige Franz Johann Vietz, der Großvater des Komponisten. Die ersten Kinder kommen zur Welt. Das fünfte Kind, Elisabeth, wird 1756 mitten in die Hungerjahre hineingeboren. Von insgesamt sieben Geschwistern überleben nur drei. Wie üblich, werden die verstorbenen auf dem damals bei der Pfarrkirche gelegenen Friedhof beigesetzt; dort, wo auch ältere Generationen dieser alten schlesischen Familie die letzte Ruhe gefunden haben.

Der Großvater mütterlicherseits ist ein geachteter Mann, er bekleidet sogar eine Funktion in seiner Zunft und ist „Gerichtsschöpper". Die Zeiten sind jedoch offenbar zu bewegt, um die Prosperität halten zu können. Erst wird ein Feld vom Familieneigentum verkauft, dasselbe Los trifft bald auch andere Immobilien, schließlich wird das Haus an der Hauptstraße mit einer Hypothek belastet. Versucht der Großvater etwa, die sich anbahnende Katastrophe noch mit allen Mitteln abzuwenden? Das Haus kommt im Jahre 1769 unter den Hammer. Die Folgen sind verheerend, die fünfköpfige Familie hat keine Bleibe mehr, natürlich liegen auch die einstigen Heiratschancen der Töchter eines geachteten Handwerkers, eines „Bürgers", damit in Trümmern. Eine weitere Existenz dieser Familie Vietz in Zuckmantel, wo es an gleichnamigen Onkeln, Tanten, Cousins, teils auch in nicht unbedeutenden Positionen, nur so wimmelt, ist mittlerweile kaum mehr möglich. Und so verlassen die Eltern mit drei Kindern ihren Geburtsort. Für immer. Und hinterlassen vielleicht durchaus wissentlich keine Spuren.

Und die Zeit leistet auch ihren Beitrag dazu. Das ehemalige Haus der Vietz an der Hauptstraße mußte in den dreißiger Jahren einem „moderneren" Platz machen, das Flußbett wurde zugeschüttet, der Friedhof noch in josephinischer Zeit verlegt, durch die Gärten und kleinen Felder wurden weitere Straßen gezogen, die malerische Umgebung wurde immer mehr verbaut, der Ortsname verändert, die einstige Stadtatmosphäre vernichtet.

In Zuckmantel sahen wir eine Gedenktafel, die an die Existenz des Geburtshauses der Mutter Franz Schuberts erinnern soll, in Neudorf überließen wir die Ruinen des Schubertschen Hauses wieder dem Gras und den Brennesseln. Ich nahm nur noch ein paar Splitter von den abgebröckelten Steinen mit. Als Andenken. Und auch eine Menge von den leuchtenden sauren Äpfeln auf dem Boden. In Wien wurde dann ein Strudel daraus.

Durch die Quellen ist überliefert, Franz Schubert habe mit 13 Jahren sein Komponieren begonnen (April 1810, die Nummer 1 in seinem späteren Werkverzeichnis, dem nach seinem Begründer so bezeichneten „Deutsch"-Verzeichnis, ist eine vierhändige Klavier-Fantasie, sie dauert übrigens an Spielzeit fast eine halbe Stunde!).

Ob er schon früher Stücke verfaßt hat, das weiß man nicht, es ist aber wohl anzunehmen.

Klaviermusik zu 4 Händen, dann langsam und immer rascher werdend ein Herantasten an das Vokale, zwischendurch – mit großer Geste – Versuche in der Orchestermusik, im Symphonischen, im opernhaften Singspiel sogleich, und: Kammermusik, viel Kammermusik, vor allem Streichquartette.

Er schult sich noch vor und während der Zöglingszeit bei Antonio Salieri auch selbst. Er schreibt im Stil Haydns und Mozarts und Beethovens und im Sonatenprinzip der durchaus Verehrten. Er schreibt wie eben diese Wiener Klassiker und verläßt innerhalb eines jeden frühen Einzelwerkes sofort wieder ein schematisches Nachkomponieren der Tradition.

Man sagt, die viele Kammermusik und die vielen, oft ungemein ausladenden Lieder, sie seien für den Hausgebrauch, für das Familienmusizieren, für das väterliche Schulhaus geschrieben worden.

Stimmte dies tatsächlich, dann muß es im Kreise der Schuberts und am Himmelpfortgrund und in Lichtenthal nicht bloß ein hohes instrumentaltechnisches Niveau, sondern auch durchaus ein fast avantgardistisch-orientiertes Kunstverständnis gegeben haben.

Jedenfalls, Schuberts erste große Schübe umfassen bis auf das große Instrumentalkonzert alle gängigen Genres, neben der Bühne und dem Orchester auch Messen, ausladende Klavierwerke, ganze Tanz-Zyklen und schon bis 1814 über 10 Streichquartette und über 50 Lieder.

Es folgt: die von Schubert selbst ausgeschriebene Einzelstimme für die erste Violine zur Ouverture für Streichquartett D 8A.

MH 16.206/c
Violino Imo
Largo
All°
cres
loco
dolce
ad 10.
WIENER STADT- U. LANDESBIBL. 16

Dolce
cres= cen= do

Finis

Sonderbare Fragen,
Hör' ich alle sagen?
Es läßt sich hier nichts wagen,
Wir müssens duldend tragen.
Nun gute Nacht,
Bis ihr erwacht.

1816

Gesang der Geister über den Wassern

D 714

13

EINDEUTIGKEITEN & UNEINDEUTIGKEITEN

(SONDERFALL FRÜHBIEDERMEIER)

Als das abrupte Ende des ostmitteleuropäischen Kommunismus noch lange nicht absehbar war, rief die dortige Opposition die Vision der „Anti-Politik" aus. Die totale Macht, so meinte man in den Intellektuellen- und Künstlerkreisen, kann nicht herausgefordert werden durch den Angriff auf die staatlichen Institutionen. Vielmehr, so ungefähr lautete das Argument, müsse die Macht selbst unterminiert werden, indem die Gesellschaft zur Selbstverantwortung und Selbstregulierung stimuliert werde. Durch eine kulturelle Diffusion sollte die Macht sozusagen zur Implosion gebracht werden.

Die Parallelen der 1970er und frühen 1980er Jahre zur Zeit des sogenannten „Biedermeier" sind augenscheinlich: große technologische, soziale und ökonomische Verschiebungen treffen auf eine unbewegliche Politik, die Lebenschancen der Individuen sind mit demütigenden Ritualen verknüpft, die um so verletzender scheinen, je weniger sie durch eine gelebte Tradition unterstützt werden.

Diese Ähnlichkeit der kommunistischen Herrschaft in Ostmitteleuropa zu Phasen der habsburgischen Geschichte kann – auch nach der „Wende" von 1989 – durchaus als organisches Verhältnis gedacht werden. Zumindest haben es die geistigen Wegbereiter der „Anti-Politik" so gesehen. Für den Juristen und Historiker István Bibó wie für Jenö Szücs, den Berater einer jüngeren Generation von Oppositionellen, stellte die kommunistische Machtübernahme nach 1945 eine unabwendbare Konsequenz der „langen Dauer" dar, innerhalb derer die Habsburger alle periodischen Ansätze gebrochen haben, in ihrem Machtbereich eine „zivile Gesellschaft" aufzubauen. Zivile Gesellschaft – das heißt die Regelung zahlreicher Beziehungen zwischen Privatpersonen ohne Einfluß des Staates, auch wenn diese Übereinkommen von übergeordneter Bedeutung sind.

Wenn wir uns für eine Retrospektive auf das „Biedermeier" von der These der „Anti-Politik" leiten lassen, so erfordert der Umgang mit den raren Quellen, die uns namentlich für die Jahre zwischen dem „Wiener Kongreß" und dem Tod Schuberts zur Verfügung stehen, eine Nuancierung. Beginnen wir, um keinen ideologischen Projektionen aufzusitzen, mit der Selbstdarstellung des Wiener Schriftstellers, Beamten und Lebemannes Iganz Franz Castelli, dieser hauptsächlichen Inspirationsquelle vieler Historiker, die sich bisher am „Biedermeier" versucht haben. Vornehmlich geht es um Castellis Bericht über die „Ludlams-Höhle", eine nach einem populären Theaterstück benannte Freundesrunde, die sich 1818 in einem Gasthaus im Schlössergäßchen konstituiert hatte. Nach der Art moderner Karnevalsgesellschaften gaben sich die „Ludlams" eigene Regeln und wählten einen „Kalifen" zum Oberhaupt, was sie später in den Verdacht der „Geheimbündelei" brachte und zu ihrer polizeilichen Auflösung führte. Erste Bestimmung war, nach den Aufzeichnungen Castellis, daß „kein Wort von Politik oder Handelsangelegenheiten gesprochen" werden durfte. Statt dessen beherrschte der Wettbewerb um die möglichst originelle Verdichtung oder Vertonung eines unsinnigen Motives wie etwa „Wahnsinn und Stockfischfang" diesen Männerbund. Gemeinsames Singen, die Herstellung „fliegender Blätter" und vor allem das gemeinsame Trinken machten die zentralen Aktivitäten der „Ludlams" aus.

Was dem Lebensbericht Castellis allgemeine Bedeutung verleiht, ist die Aufhellung des Hintergrunds einer „Wienerischen" Sonderentwicklung, deren Existenz von niemandem ernstlich bestritten wird. Ich meine damit die Hegemonie der Travestie, die Dominanz der Alltagsprosa bei der Repräsentation kultureller Werte, abweichend von der Rolle, die in Frankreich und Deutschland hiefür dem Drama zugekommen ist, ich meine das Spiel mit der semantischen Uneindeutigkeit, das spätestens seit Nestroy als Wiener literarische Tradition gilt und über Wittgenstein und die Produktionen der „Wiener Gruppe" bis in die Struktur der Texte Elfriede Jelineks zu verfolgen ist. Doch wahrscheinlich muß man das Wort „Tradition" sofort wieder zurücknehmen, um nicht einem hartnäckigen Mißverständnis aufzusitzen. (Eher handelt es sich bei der Wiener Moderne um eine reflexive Kritik dieser historischen Praxis und ihrer Folgewirkungen.) Das gewohnte Bild von den Gesellschaftsspielen der „Ludlams" und ähnlicher Erscheinungen als einer kryptopolitischen Haltung und als Geste des Protestes scheint doch zu simpel. Castelli selbst erzählt an anderer Stelle seiner Memoiren eine Episode, die den Karneval der „Ludlams" in einem anderen Licht erscheinen lassen: Eines Tages, so schreibt er, sei ihm ein Mädchen auf der Straße gefolgt und habe ihn beschuldigt, es verführt zu haben. Die Unbekannte forderte nun die Einlösung des angeblichen Eheversprechens, andernfalls sie ihn verklagen würde. Nach einem pittoresk gescheiterten Versuch, das Mädchen abzuschütteln, wußte sich Castelli keinen anderen Rat, als es bei der Polizeidirektion abzuliefern. Am anderen Morgen las er zu seinem Schrecken in seiner Zeitung die Nachricht, er, Castelli, habe ein junges Mädchen verführt und danach in den Wahnsinn getrieben. Er eilte, und damit kommen wir zur bezeichnenden Stelle des Berichts, zum Polizei-Hofrat Ohms und beschwerte sich, wie die Zensur so eine Nachricht habe erscheinen lassen können. „Er aber", berichtet Castelli über den Ausgang der Affäre, „nahm ruhig und lächelnd sein Blatt des ‚Sammlers' von seinem Schreibtisch und reichte es mir mit den Worten: Sehen Sie, in meinem Exemplar steht das nicht! Ich war also zumbesten gehabt; man hatte ein Exemplar für mich drucken lassen und lachte mich über meinen Zorn noch aus ..."

Die Zensur war außer jeder Frage ein erbärmliches Regulierungsinstrument des Metternichschen Systems; aber genügt ihre Existenz, um nach Art kommunizierender Gefäße eine „liberale" und progressistische Grundhaltung bei den ihr Unterworfenen anzunehmen? Castelli jedenfalls verkehrte nicht als einziger offenkundig familiär mit der Polizeistelle – was er nicht nur anläßlich der in Rede stehenden Episode durchblicken läßt. Wahrlich „enge" Beziehungen unterhielten bekanntlich auch der Sekretär und Dramaturg des Burgtheaters Joseph Schreyvogel, der zugleich als freisinniger Publizist und als polizeilicher Zensor tätig war, der Schubert-Freund Johann Mayerhofer oder der Theaterschriftsteller und „Ludlamist" Johann Ludwig Deinhardstein. Ein Reisebericht aus 1833 gab folgende Charakterisierung dieser doppeldeutigen Situation: Das Regime unterdrücke die literarische Öffentlichkeit nur dem Buchstaben nach, aber schreite weder gegen Besitz noch Verbreitung „verbotener" Drucksachen ein. Wer Geld besitze, könne sich alles halten, selbst „königsmörderische Broschüren und republikanische Zeitschriften", so daß in Wien ein Privilegien-Reich in geistigen Dingen erst recht eingeführt worden sei, während anderswo Privilegien (des Besitzes) gerade abgeschafft würden. Ein anderer Bericht, drei Jahre später verfaßt, bestätigte: In Wien werde faktisch alles, was offiziell verboten, mit Duldung der Behörden überschritten – von der Lektüre verbotener Bücher bis zum Tabak-Rauchverbot.

Wir kommen so auf die zuvor als notwendig angekündigte Nuancierung der „Anti-Politik" zurück. (Denn es versteht sich, daß die Opposition selbst in der „lustigen Baracke" Ungarn von solch einer reaktionären Anarchie nur träumen konnte.) „Anti-Politik" stellt sich als gesellschaftliches Kommunikationsnetz ohne Anschlußstellen für die politische Macht dar, doch die Unterbindung des Informationsflusses zu den Institutionen der Politik birgt die Gefahr des Verlustes der oppositionellen Dynamik. Balzac hat einmal gesagt: Die Bürokratie ist eine Riesenmaschine, die von Zwergen in Bewegung gehalten wird. Aber, und das soll jetzt Balzacs Attacke auf die „Volksvertreter" nicht abwerten, wenn man die Maschine mit den Zwergen gleichsetzt, gleitet man ins „Allzu-Menschliche" ab und übersieht die höhere Ordnung, die der Macht zuzuordnen ist. Das scheint nach 1815 der Fall gewesen zu sein, zumindest in Wien: Die „Anti-Politik" gleitet in Humoreske und Unfug ab, zumindest wenn man den Selbstdarstellungen Castellis und anderer Glauben schenkt. Statt der Erörterungen des (vermeintlich) Wahren, Guten und Schönen, wie man es bei einer Künstler- und Bürgerrunde wie den „Ludlams" wohl annehmen durfte, drehte sich alles um rhetorische Duelle, um die Selbststilisierung durch Schlagfertigkeit und Bonmots, wozu triviale private Umstände Anlaß gaben. Viele Jahre und eine ganze Revolution später präsentierten sich die Anti-Politiker wie Castelli als glühende Patrioten.

Die feste Stütze der „zivilen Gesellschaft" ist das Bürgertum. Das meinten auch viele ostmitteleuropäische Oppositionelle in den 1970er und 80er Jahren. Der Haken an dieser Formel ist die zunehmende Verdunkelung des Begriffs. Besitz, namentlich Kapitalbesitz, reicht bei weitem nicht hin, um das Bürgertum zu charakterisieren. Es kann sich um eine Rechtsstellung ebenso handeln wie es eine Mentalität bezeichnet, manchmal wird „Bürgertum" oder „bürgerlich" affirmativ verwendet, dann wieder polemisch. Dieses definitorische Problem kompliziert sich noch mehr, wenn wir das erste Drittel des 19. Jahrhunderts betrachten (und so eine Annäherung an die soliden Elemente in den Autobiografien wie jener Castellis suchen). Viel, man möchte sagen: alles, hängt an der literarischen und methodischen Perspektive derjenigen, die die Zeiten rekonstruieren. Wirtschaftshistoriker, übrigens hauptsächlich amerikanischer Herkunft, gehen von einem plötzlichen Sprung zur Industriegesellschaft (und damit zur modernen bürgerlichen Gesellschaft) in der Habsburgermonarchie ab 1830 aus. Die Jahre davor passen schon aufgrund des zerrütteten Geldmarktes in keine cliometrischen Reihen. (Hätte das „Biedermeier" anders ausgesehen, wäre es nicht in unmittelbarer zeitlicher Nähe zu einem dramatischen Verfall der Währung, zu Teuerung und Arbeitslosigkeit gestanden? Hätten die neugegründeten Sparkassen vielleicht den zirkulierenden Industrie- und Gewerbekredit bedient, statt Sicherheit in Hypotheken zu suchen, wenn die napoleonischen Kriege nicht mit Hilfe wertloser Staatsanleihen geführt worden wären? Hätte sich ohne den Anschauungsunterricht einer bedenkenlosen staatlichen Inflationspolitik – das Papiergeld verlor 80 Prozent seines Wertes – die Finanzoligarchie der Fries, Geymüller und anderer möglicherweise „rationaler", d. h. langfristig planend, verhalten, als in Spekulationsgeschäften ein schnelles Vermögen zu suchen, um es für Feste und an Freunde zu verschwenden?)

Qualitative Veränderungen hin zu protoindustriellen Strukturen sind für Wien und die Wiener Vororte jedoch bereits für die 10er und 20er Jahre belegt, das betrifft hauptsächlich die Textilherstellung. Mangels präziser Daten müssen wir uns bei der Altersbestimmung des Wiener sogenannten „Wirtschaftsbürgertums" allerdings mit der bildhaften Wirkung unkalkulierbarer Indikatoren begnügen, als da wären: der Baubeginn am Polytechnikum 1815, die Gründung der Notenbank 1816 und der Ersten Österreichischen Spar-Casse 1819, die Inbetriebnahme sogenannter „Gesellschaftswagen" als innerstädtisches Massenverkehrsmittel 1817, die Gründung der Donau-Dampfschiffahrtsgesellschaft 1823 und ähnliches. Die suggestive Wirkung solcher Fakten im Rahmen einer Erzählfigur, die die moderne Gesellschaft ringförmig um den Mittelpunkt des liberalen Unternehmers konzipiert, ist augenscheinlich. In neueren sozialgeschichtlichen Überlegungen spielen aber ebenso die Momente der Urbanisierung, der Monetarisierung und des Konsums eine konstituierende Rolle für die „bürgerliche Gesellschaft". So erweist sich das Jahrzehnt zwischen 1820 und

1830 als dasjenige mit dem stärksten Wachstum der Bevölkerung, das nur von der Dynamik der „Gründerzeit" ein halbes Jahrhundert später übertroffen wird. Aus verschiedenen Quellen kann der Schluß gezogen werden, daß das Bevölkerungswachstum der neuen Bedeutung Wiens als europäisches Zentrum der Politik und als Sitz einer rasch wachsenden Bürokratie geschuldet war, was wiederum die Repräsentanz einer Wirtschaftselite förderte und, alles umspannend, eine gesteigerte Nachfrage nach Luxusgütern, Dingen des täglichen Bedarfs und – nach DienstbotInnen: Das sogenannte „Gesinde" soll um 1820 rund 45 Prozent der Einwohner der inneren Bezirke gestellt haben.

Von allgemeiner Bedeutung werden die sozialgeschichtlichen Darstellungen dort, wo sie in die Vorstellung eines vom „Wirtschaftsbürgertum" zu sondernden „Bildungsbürgertums" münden, das als eigentlicher Träger der bürgerlichen Kultur etwa im Sinne der vorher erwähnten „zivilen Gesellschaft" anzusprechen wäre. Die Entstehung dieses „Bildungsbürgertums", heißt es beim Wiener Historiker Ernst Bruckmüller, haben die Habsburger relativ erfolgreich zu verhindern versucht, mit einer Schul- und Kulturpolitik, die die Entfaltung und Entwicklung individueller Begabungen und sozialer Vernünftigkeit zu unterbinden trachtete. Die Kritik an der sogenannten „repressiven" und „restaurativen" Kulturpolitik unter Franz I. macht aber nur Sinn unter der stillschweigenden Voraussetzung, daß das „Bildungsbürgertum" die Interessen der gesamten Gesellschaft gegenüber dem Staat repräsentieren kann und nicht bloß, sagen wir: das Anliegen eines Standes oder einer Berufsgruppe. Nun behauptet aber die Ethnologie unwiderlegbar, daß eine solche (moderne) Repräsentation nur durch den bürgerlichen Nationalismus angestrebt werden könne, der den Geltungsbereich einer schriftgebundenen Kultur mit dem einer politischen Macht zur Deckung bringt. Denn ein Bildungsbürgertum ohne nationalstaatliche Grundlagen wird kaum in der Lage sein, kulturelle Hegemonie auszuüben.

Wir rühren damit im Kern wieder an den Überlegungen, die von den Vorbedenkern der „Anti-Politik" formuliert worden sind: Die „zivile Gesellschaft" in den Ländern der Habsburgermonarchie sei nicht nur an der Gewalt der Herrscher gescheitert, sondern auch an der fehlenden Bereitschaft (oder Kraft) des Bürgertums, die vormodernen supranationalen Strukturen der Kronländer in national-kulturelle Territorien aufzulösen. István Bibó hat sogar von „Herrengeist" und „Auserwähltheits"-Phantasma als ungarischer „Krankheit" gesprochen, die aus der Bevormundung der Kroaten, Slowaken, Serben und Rumänen resultiert hat. Die „österreichische" Diagnose lautet bekanntlich anders, nämlich auf „konstitutionelle Schizophrenie". Dies zumindest präsentiert uns Friedrich Heer als Selbstbild der biedermeierlichen Wissenschaft (Feuchtersleben) wie der Literatur (Grillparzer), aber auch als Praxis – der Selbstmord Raimunds, beispielsweise. Der Zweifel an der Identität des aufgeklärten Subjekts, des „Bildungsbürgers", setzt sich als „Wiener" Phänomen fort bei Freud, Schnitzler und Adler, und hat doch starke historische Wurzeln im Biedermeier: Zu dem Zeitpunkt, an dem „nationale" Identität den Anspruch auf Bildung und politische Partizipation zu begründen beginnt, und wo sich diese „Nation" – als elementare Vorstellung der Romantik – auf das „Volk", nicht mehr auf einzelne Berufs- und Standesgruppen (wie etwa die Studenten) und auf politisch-territoriale Zugehörigkeit bezieht, zu diesem Zeitpunkt wäre man in Wien gezwungen, eine Doppelidentität als Deutscher und Österreicher zu entwickeln; und man – d. h. die hiesigen Künstler und Intellektuellen – scheitert daran. (Die „Anti-Politiker" hatten es 150 Jahre später in dieser Beziehung leichter. Sie konnten sich an die multiple Auflösung einer vom Nationalismus verengten Identität wagen.) Grillparzer entdeckt gar eine ethnische Differenzierung zu „den" Deutschen, die sich gerade umgekehrt bemühen, die gemeinsame Sprache als Wesen der zersplitterten „Nation" zu forcieren: „Ich weiß wohl, was mir fehlt", schreibt Grillparzer. „Ich habe nicht arbeiten gelernt. Von Kindheit auf mir selbst überlassen, in den Schulen elenden Lehrern hingegeben, die weder für sich, noch für ihren Gegenstand Interesse zu erwecken wußten, überließ ich mich einer desultorischen Lektüre, einem launenhaften Studium, einer abgerissenen Verwendung, die unter diesen Umständen noch das möglichst beste war, mir aber die eigentliche, die standhaft verfolgte, folgenrechte Arbeit fremd machte, die eigentlich doch die Bedingung zu allem Bedeutenden ist. Ich bin dadurch der Mensch der Stimmung geworden, die, obgleich das wirksamste von allem, doch ihrer Natur nach nicht immer da seyn kann und, wenn sie fehlt, mich zum Untüchtigsten aller Menschen macht. Diese lutherischen Pastorssöhne sind von Kindheit auf an andauernde Verwendung gewöhnt worden, und die in Gang gebrachte Mühle mahlt fort, wenn auch das aufgeschüttete Getreide weniger wird, ich aber – du mein Gott! die großen Anlässe, wären ja nicht groß, wenn sie immer zur Hand wären."

So starke Worte begründen eine eigene Traditon. „Gerade durch die Abgeschlossenheit [von den liberalen und demokratischen Zentren Deutschlands], die aber doch immer wieder durchbrochen wurde, entstand eine Stimmung des Selbstbedauerns, die eine Eigenart des deutschsprachigen Biedermeiers in Österreich wurde", schreibt Eduard Winter in seiner dreibändigen Geschichte vom Barock bis zum Neoabsolutismus. Aber verkürzen wir mit solchen Charakterisierungen nicht die Geschichte auf einen Hebelmechanismus? Wenn wir die historischen Lehrbücher, die nur allzugerne mit solchen Figuren arbeiten, für den Augenblick beiseite lassen, so sehen wir in der Moderne einen sozialen Pluralismus am Werk, der dem moralisch orientierten Bildungsbürger immer schon bürgerliche Antipoden entgegensetzt, nämlich den Dandy und den Bohémien, beides große europäische Figuren, die das eine Mal durch morbiden Ästhetizismus, das andere Mal durch Spontaneität und (sexuellen, alkoholischen, künstlerischen) Exzeß die Disziplin, das Meisterstück des Bildungsbürgertums, unterminieren. In Wien ragt unter den vergleichbaren anti-bürgerlichen Attitüden ein Phänomen besonders hervor, ein Paradox, ist man angesichts einer kollektiven Erinnerung zu sagen geneigt, die das „Biedermeier" als Bild des bürgerlichen Familiensinns schlechthin bewahrt hat. Das Paradox hieß zeitgenössisch „Ehescheu" oder „Das Unwesen der Hagestolze" und wurde unter anderem vom gefürchteten/berüchtigten Kolumnisten Moritz G. Saphir in der „Allgemeinen Theaterzeitung" als echte Seuche beschrieben. Der größte Teil dieser Ehelosen, so polemisierte Saphir in diesem Frauenblatt, bestehe „aus wohlhabenden, sorg- und kummerlosen Menschen [...] die bloß aus lieber Bequemlichkeit im Cölibatus leben, um durch die süße Sorge für Gattin und Familie nicht zu einer ihnen lästigen Aktivität gezwungen zu werden." Und er setzte fort: „Schon daß sie durch den Besitz ihres Mammons alle Genußkelche des Lebens vollauf leeren können, daß sie ihre Sinnlichkeit zu jeder Minute betäuben, um sich im Schlamme verbuhlter Besitzungen herumwälzen zu können, stumpft sie für edlere Bedürfnisse, für das Bedürfnis der Ehe, für das Bedürfnis züchtiger und keuscher Umarmungen, für das Bedürfnis herzlicher Mittheilung und häuslicher Wonnen ab." Auch Castelli wird nicht müde, seine über Jahrzehnte erfolgreiche Flucht aus Liebes- und vor Eheverhältnissen als seine raison d'être auszuschmücken. (Die Sozialgeschichte vermerkt einen faktisch-auffallenden Rückgang der Eheschließungen in Wien gerade in den beiden Jahrzehnten von 1810 bis 1830.) Und in jüngster Zeit ist selbst Franz Schubert in den Verdacht geraten, Mitglied eines homoerotischen Geheimbundes gewesen zu sein.

Nochmals aber sei Castelli erwähnt, denn im Gegensatz zu den englischen und deutschen Künstlerkreisen, die ihre Absage an die billigen Effekte der bürgerlichen Modernität formal streng kultivierten, herrschte in dieser Stadt damals schon die heute verrufene „Spaßkultur". Castelli selbst hat uns davor gewarnt, die Ausdrucksweisen der Wiener jeunesse dorée als kulturell reflexiv aufzufassen. Während anderswo der Witz regierte, schrieb er, habe man es in seinen Kreisen nur bis zum Spaß gebracht, worin sich die Fiaker und die Handwerksgesellen nicht weniger tüchtig zeigten als die Jungunternehmer und Schriftsteller der „Ludlams-Höhle“.

Diejenigen, die der Zeit des „Biedermeier“ ihre Kontur gegeben haben, scheinen eine Mischung von drei sozialen Typen anzustreben, vom Dandy, vom Bohémien, und vom Bildungsbürger. (An der ostmitteleuropäischen Opposition hat sich nur die Bohème beteiligt, das mag ihre melancholische Standhaftigkeit über so viele dunkle Jahre hin erklären.) Das Ergebnis war eine Uneindeutigkeit in der Kultur, unscharfe Trennungen zwischen Pathos und Ironie, zwischen populär und elitär, zwischen Drama und Feerie. Es fehlte, wie Egon Friedell über Grillparzer einmal gesagt hat, die „Courage zu sich selber“. Diese Uneindeutigkeit ist ein merkwürdiges Vermächtnis des Wiener Biedermeier geblieben, bisweilen, wohl zumeist, mit unglücklichem Ausgang, heute, in der postkommunistischen und massendemokratischen Moderne, die Anspruch auf individuelle kulturelle Identitätswahl erhebt und damit die „Anti-Politik“ auf neue Grundlagen stellen könnte, mit vielleicht unerwarteter Attraktivität.

Lazarus, oder: Die Feier der Auferstehung

D 689

Aus Schuberts Tagebuch 1816

Eintragung vom 17. Juni 1816

Eintragung vom 8. September 1816 (Fragment)

(Transkription in diplomatischer Zeilenführung nach der Original-Handschrift
von Franz Schubert)

[pag.1]

17. Juny 1816
An diesem Tag componirte
ich das erste Mahl für Geld.
Nämlich eine Cantate *[Prometheus D 451 - verschollen]* für
die Nahmensfeyer des Hr. Pro=
fessors Wattrot *[Heinrich Josef Watteroth]* von *[Philipp]* Dräxler.
Das Honorar ist 100 fl W. W.

---

8. September 1816
Der Mensch gleicht einem Balle,
mit dem Zufall u. Leiden=
schaft spielen.
Mir scheint dieser Satz außer=
ordentlich wahr.
Ich hörte oft von Schriftstellern
sagen: Die Welt gleicht einer Schau=
bühne, wo jeder Mensch seine Rolle

[pag. 2]

spielt. Beyfall u. Tadel folgt
in der andern Welt. – ~~Sie~~
Eine Rolle aber ist aufgegeben,
~~sollten lieber sagen~~
~~dass~~ also ist auch unsere Rolle
aufgegeben, und wer kann
sagen, ob er sie gut oder schlecht
gespielt hat? —— Ein schlechter
Theater = Ressigeur, welcher sei=
nen Individuen solche Rollen
gibt, die sie nicht zu spielen im
Stand sind. Nachlässigkeit läßt
~~sich~~ sich hier nicht denken, die
Welt hat kein Beyspiel, daß
ein Akteur ~~aus~~ wegen schlechtem
~~Au~~ Recitieren verabschiedet worden
sey? Sobald er eine ihm

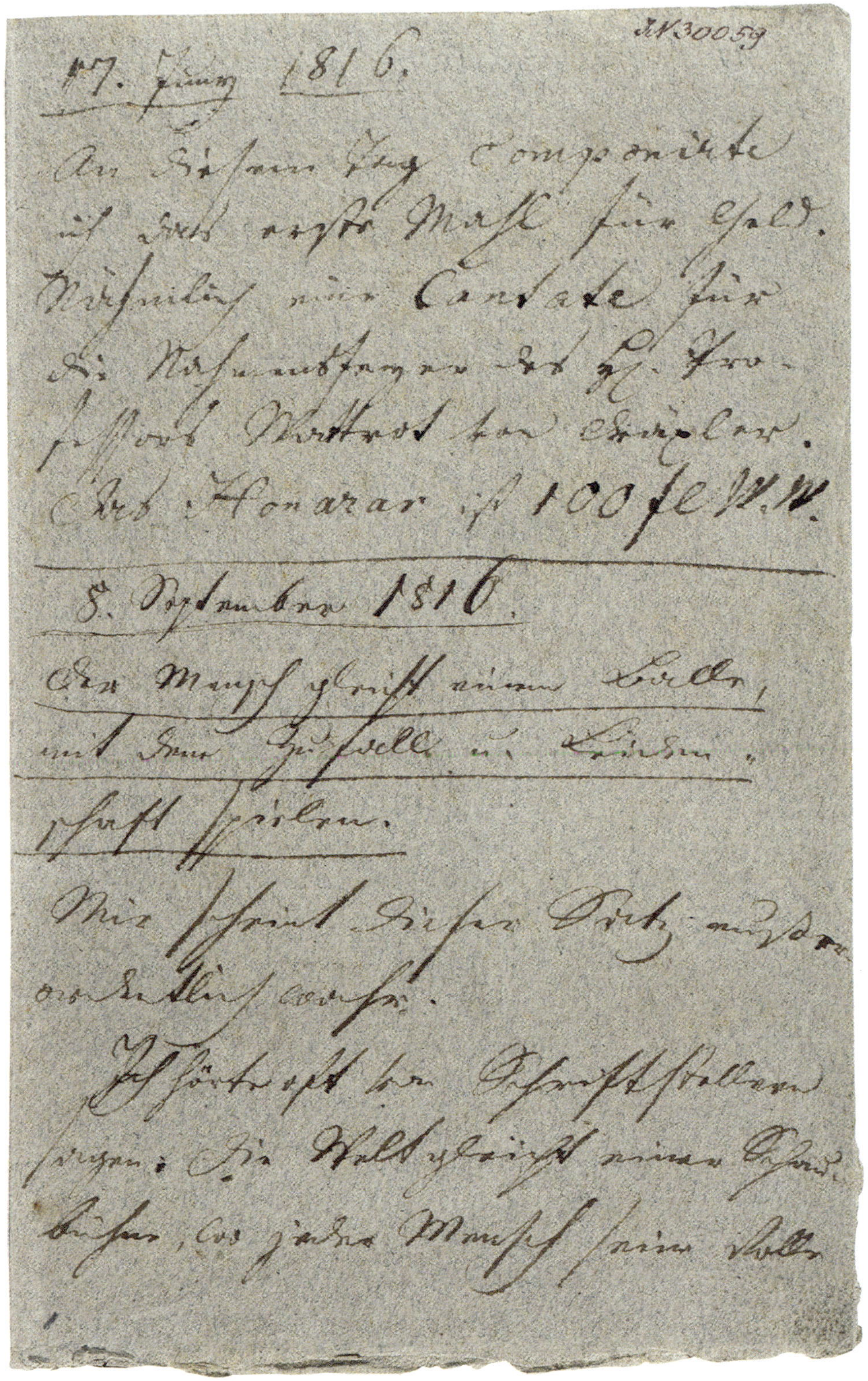
AK30059

17. Juny 1816.
An diesem Tag componirte
ich das erste Mahl für Geld.
Nämlich eine Cantate für
die Nahmensfeyer des H. Pro-
fessors Wattrot von Dräxler.
Das Honorar ist 100 fl W.W.

8. September 1816.
Der Mensch gleicht einem Balle,
mit dem Zufall u. Leiden-
schaft spielen.
Mir scheint dieser Satz außer-
ordentlich wahr.
Ich hörte oft von Schriftstellern
sagen: die Welt gleicht einer Schau-
bühne, wo jeder Mensch seine Rolle

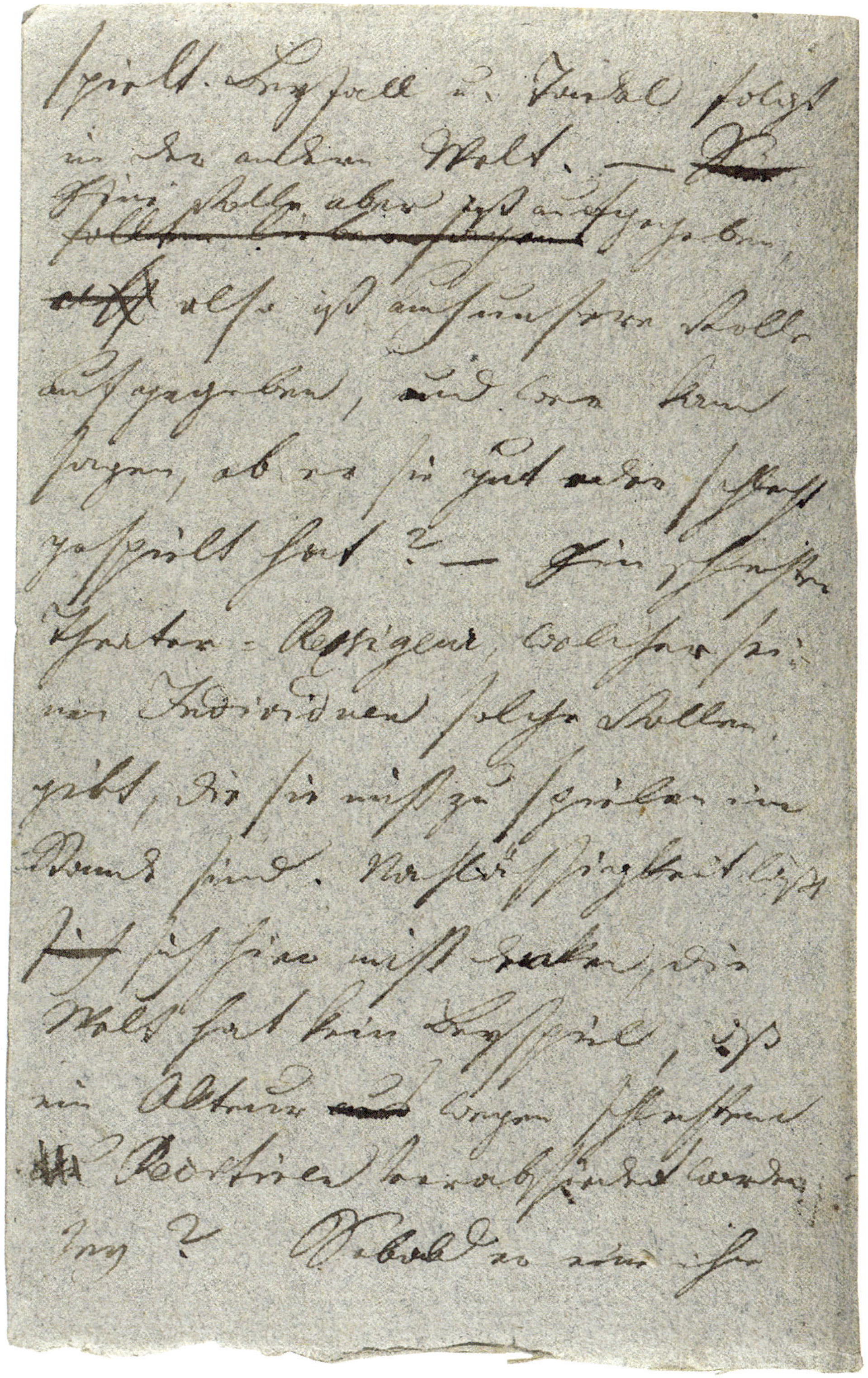

Selten ist in der Musikgeschichte durch ein einziges Werk eine derartige Umwälzung, eine Neuorientierung eines Genres erfolgt. Ein 18jähriger vertonte eine Ballade von Goethe, im Oktober 1815 – wahrscheinlich (die vielen Erzählungen über die Genese sind, wie fast stets bei Schubert, mit höchster Vorsicht zu behandeln): „Erlkönig", sechs Jahre später erst im Privatdruck als Kommissionsausgabe erschienen. Seitdem d a s Lied wohl schlechthin, noch Jahrzehnte nach Schuberts Tod dessen bekannteste und meistgegebene Komposition.

Allerdings – Schubert war damals in Übung. Im Werkverzeichnis hält man nämlich schon bei der Nummer 328, zuvor entstanden bereits über 200 Vokalkompositionen, darunter etwa sieben Opernarbeiten oder auch das eigentliche erste „verkomponierte" Lied, „Gretchen am Spinnrade" D 118 (später dann ebenfalls zuerst in Kommission angeboten als op. 2, übrigens diesmal tatsächlich datiert „19. Oktober 1814"), sowie fast ein Dutzend an Streichquartetten, Kammer- und Klaviermusik, drei Sinfonien oder sechs Messen.

Schubert komponierte insgesamt über 600 Lieder; gelegentlich, etwa 1816, auch Dutzende pro Monat.

Noch vor der „Erlkönig"-Veröffentlichung, aus einem Korrespondenzbericht in der Dresdener (!) Abendzeitung: „Der junge Komponist Schubert hat mehrere Lieder der besten Dichter (meistens von Goethe) in Musik gesetzt, welche das tiefste Studium, verbunden mit bewunderungswürdiger Genialität, beurkunden und die Augen der gebildeten musikalischen Welt auf sich ziehen. Er versteht es, mit Tönen zu malen, und die Lieder ‚Die Forelle', ‚Gretchen am Spinnrad' (aus Faust) und ‚Der Kampf' von Schiller übertreffen an charakteristischer Wahrheit alles, was man im Liederfache aufzuweisen hat. Sie sind meines Wissens noch nicht gestochen, sondern gehen nur in Abschriften von Hand zu Hand."

Nach den ersten öffentlichen Aufführungen des „Erlkönig" (Anfang 1821), die übrigens im Wiener Musikleben eingeschlagen haben müssen wie wenig anders zuvor und danach, zählte Schubert (allerdings vor allem als Vokal- und Tanzkomponist) sukzessive zu den bekanntesten, beachtetsten und bald auch geachtetsten Komponisten seiner Zeit.

Es folgt: die Erstausgabe des Liedes.

Schubert Fr. op. 1.

ERLKÖNIG.

Wer rei= =tet so spät durch Nacht und Wind?
Es ist der Va= = =ter mit sei= = =nem Kind; er
hat den Kna= =ben wohl in dem Arm, er fasst ihn

si=cher, er hält ihn warm.
Mein Sohn, was birgst du so bang dein Ge=sicht?
„Siehst, Va= =ter, du den Erl= =kö=nig

nicht? den Er= =len= kö= nig mit Kron'. und
Schweif? Mein Sohn, es ist ein Ne= =belstreif.
Du lie= = = =bes Kind, komm,
mf
p
mf
p
ppp

geh mit mir! gar schö = = = ne Spie = = le
spiel' ich mit dir; manch' bun = = = te Blu = = men sind
an dem Strand; mei = ne Mut = ter hat manch gül = = = den Ge =
D. et C. No 766

wand." Mein Va = = ter, mein Va = ter, und hö = = rest du
nicht, was Er = len = kö = nig mir lei = se verspricht? —
decresc:
Sey ru = hig, bleibe ru = hig, mein Kind;
in dürren Blät = tern säu = selt der Wind.

„Willst, fei = ner Kna = be, du mit mir gehn? meine Töch = ter sollen dich war = ten schön, meine
Töch = ter füh = ren den nächt = lichen Reihn, und wie = gen und tan = zen und sin = gen dich ein, sie
wie = gen und tanzen und sin = gen dich ein.„ Mein Va = = ter, mein Va = ter, und
ppp
f

siehst du nicht dort, Erl= =kö=nigs Töchter am dü= =stern Ort?
decresc:
Mein Sohn, mein Sohn, ich seh' es ge=nau: es
schei=nen die al=ten Wei=den so grau.
cresc:
ff
p

"Jch lie= =be dich, mich reitzt dei=ne schö=ne Ge=stalt, und bist du nicht
wil= =lig, so brauch' ich Ge=walt." Mein Va= =ter, mein Va=ter, jetzt
fasst er mich an! Erl=kö= =nig hat mir ein Leids ge= =than!
pp
fff
fz
f

accelerando.
Dem Va = = = ter grau = set's, er rei = tet geschwind, er hält in
cresc:
Ar = men das äch = = zen = = de Kind, er =
ff
Recit:
reicht den Hof mit Müh und Noth; in seinen Armen das Kind war todt.
Andante.
fz
fp
pp
p
f

Fierabras

D 796

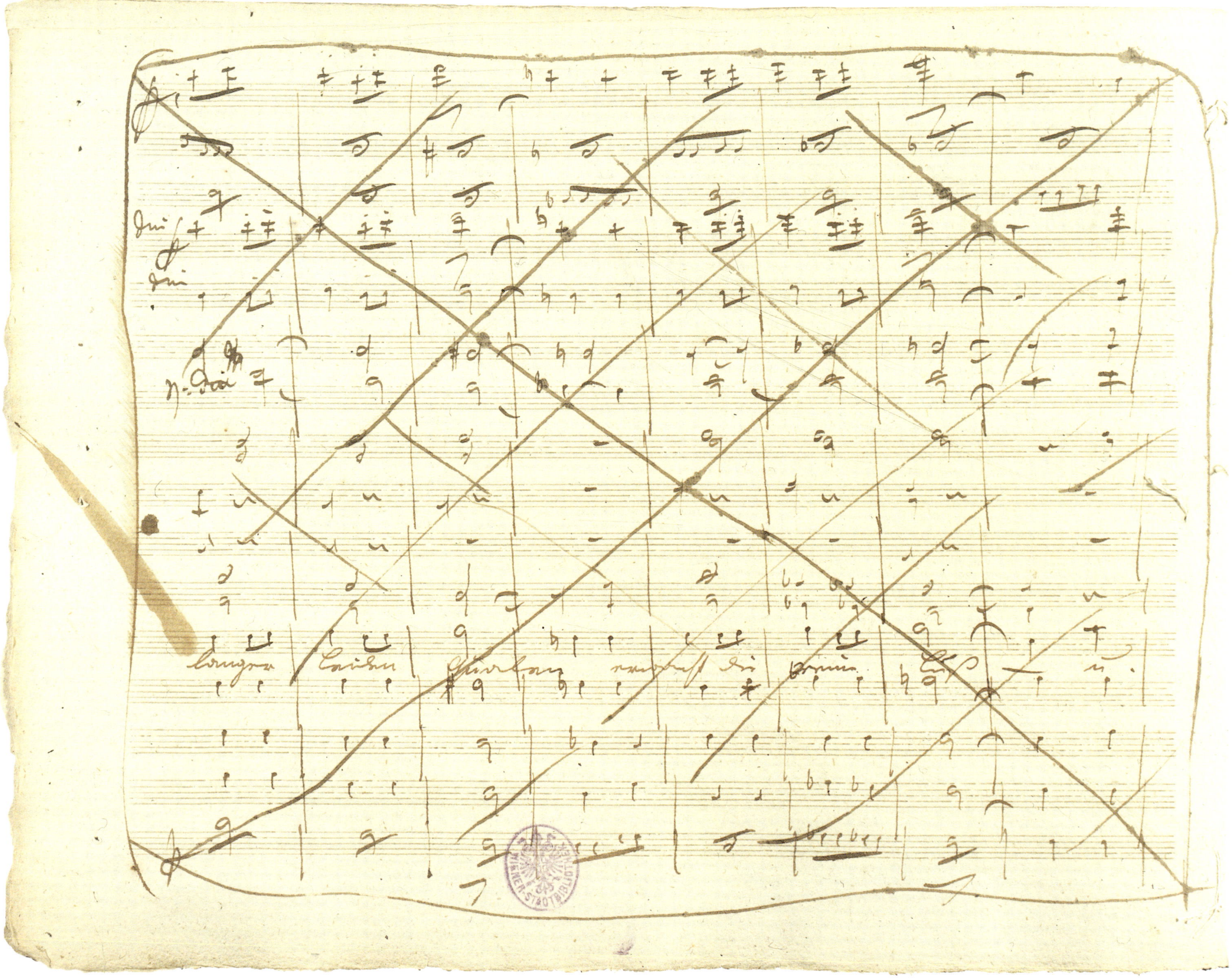

Die Verbreitung der Schubert-Musik zu seinen Lebzeiten fand zunächst durch Mundpropaganda, durch das Zirkulieren von Abschriften und erst dann durch den Notendruck statt.

Während die ersten Opera (zumeist von Schubert selbst in Heften zusammengestellt oder als Einzelwerke dazu bestimmt) noch durch Subventionen und Subskriptionen von Freundes- oder Gönnerseite herauskamen, wird Schubert in den etwa letzten fünf Lebensjahren für Verleger (auch ausländische) „auffällig". Bis zu seinem Tod sind 106 Opuszahlen vergeben (bis op. 97 plus op. 100 erscheinen die Titel auch). Unter diesen sind rund 150 Kompositionen subsumiert – allerdings ausschließlich Vokales, Kammer- und Klaviermusik sowie Tänze, keine Opern- oder Orchesterpartituren.

Posthum veröffentlichte man noch bis zum Jahr 1867 und bis zu einer Nummer 173 weitere rund 100 Werke. Daneben begannen schon, wenige Jahre nach 1828, zuerst die Firma A. Diabelli & Co., Wien, und dann J. P. Gotthard, Wien, sowie C. F. Peters, Leipzig, sogenannte „Nachgelassene musikalische Dichtungen" bzw. so bezeichnete „Erstausgaben" herauszubringen.

Die endgültige erste Sichtung des Werkes gab es erst im Rahmen der Gesamtausgabe (heute „Alte Gesamtausgabe") in der zweiten Hälfte des 19. Jahrhunderts.

Schuberts Werke erschienen als gedruckte Beiblätter (erstmals Jänner 1818 „Erlafsee" D 586) oder in der Form von Einzel- bzw. Sammelheften (April 1821 als op. 1 „Erlkönig" D 328).

Schubert war also 1828 – zumindest in Einzelaspekten seiner Musik – ein präsenter Komponist mit einem wesentlich größeren Werkkatalog als fast alle anderen 31jährigen seiner Zeit. Man kannte ihn freilich – öffentlich oder offiziell – weder als Symphoniker noch als Verfasser etwa des „Forellenquintetts", der letzten drei Klaviersonaten, vieler Opern, des Streichquintetts, weiterer rund 300 Lieder …

Die Verleger der Zeit reagierten auch bei Schubert wie stets: Je einträglicher der Verkauf einer neuen Edition erwartet werden durfte, um so aufwendiger gestaltete man die Umschläge und Titel.

Es folgt nun eine kleine Auswahl: Lieder, Sammlungen und – damals stets noch eine kleine Sensation – kolorierte Titelblätter.

1824

Halts enk zsamm

SAMLUNG ORIGINAL OESTERREICHER LÄNDLER

für das

Piano-Forte.

Heft 1. — *Eigenthum der Verleger* — No

WIEN bei SAUER und LEIDESDORF.

1825

ERLKÖNIG

BALLADE VON GOETHE.

In Musik gesetzt

für eine **SINGSTIMME** mit **PIANO-FORTE**-Begleitung

und Sr. Excellenz dem hochgebornen Herrn Herrn

Grafen Moriz von Dietrichstein

k.k. wirkl. geheimen Rath und k.k. Kämmerer, Präfecten der k.k. Hofbibliothek &. &.

in tiefer Ehrfurcht gewidmet

von

Franz Schubert.

1tes Werk.

Nº 766. Eigenthum der Verleger. Pr. 45 x C. M.

WIEN,

bei Ant. Diabelli und Comp. Graben Nº 1133.

1821

DER WANDERER
von Schmidt v. Lübeck.

Morgenlied von Werner.

WANDRERS: Nachtlied von Göthe.

für eine Singstimme mit Begleitung des Pianoforte
in Musik gesetzt und
Sr. Excellenz dem Hochgebornen und Hochwürdigsten Herrn Herrn

JOHANN LADISLAV PYRKER VON FELSO-EOR,

Patriarchen v. Venedig, Primas v. Dalmatien, Großdignitär u. Kroncaplan des Lomb. Venetianischen Königreiches, Sr. k.k. M. wirkl. geheimen Rathe &c.

in tiefer Ehrfurcht gewidmet von

FRANZ SCHUBERT.

4tes Werk. Eigenthum der Verleger.

No. 773. Eingetragen in das Archiv der vereinigten Musikalienverleger. Pr. 45 x C.M.

WIEN,
bey Ant. Diabelli u. Comp. Graben No. 1133.

1821

Memnon, Antigone und Oedip,
von J. Mayrhofer,

und AM GRABE ANSELMO'S, von Claudius,

für eine Singstimme
mit Begleitung des **Pianoforte**, in Musik gesetzt
und dem Wohlgebornen

HERRN MICHAEL VOGL,

Mitglied und Regisseur des k.k. Hofoperntheaters
hochachtungsvoll gewidmet von

FRANZ SCHUBERT.

6tes Werk.

№ 790. Eigenthum der Verleger. Pr. 45 x C. M.

WIEN,
bei Ant. Diabelli & Comp. Graben № 1133.

1822

VARIATIONEN

über ein französisches Lied für das

Piano-Forte auf vier Hände

VERFASST, UND DEM

Hrn Ludwig van Beethoven

Zugeeignet von seinem Verehrer und Bewunderer

Franz Schubert.

No. 996. 10tes Werk Pr.

Eigenthum der Verleger.

Wien bey Cappi und Diabelli, Graben No. 1133.

1826

MODERNE LIEBES=WALZER

für das

Piano=Forte.

No. 397.

Gar leicht sind Herz und Hand vermählt,
Wenn Väterchen die Thaler zählt.

Pr. 12 gl.

v. T. S.

1826

NEUE KRÆHWINKLER TÆNZE
für das
Piano=Forte

№ 398. Pr. 12 gl.

Eine Krähwinkler Dame eröffnet den Ball mit einem Deutschen.

Eigenthum der Verleger
Wien bey Sauer & Leidesdorf.

1824

Die schöne Müllerin

ein Cyclus von Liedern

gedichtet von Wilh. Müller.

In Musik gesetzt

für eine SINGSTIMME mit PIANO-FORTE Begleitung

und dem H.n Carl Freyherrn von Schönstein gewidmet

von

FRANZ SCHUBERT.

No. 3525 _ 29. 25.tes Werk. 5.tes Heft. Eigenthum der Verleger. Pr. f 1 _ C.M.

WIEN,
bei Ant. Diabelli & Comp.
Graben No. 1133.

1827

KRÆHWINKLER TÆNZE
für das
Piano=Forte

Heft

Preis

Die Krähwinkler sind auf einem grossen Ball versammelt
und hauen tüchtig auf.

Eigenthum der Verleger
Wien bey Sauer & Leidesdorf.

Antonin

1828

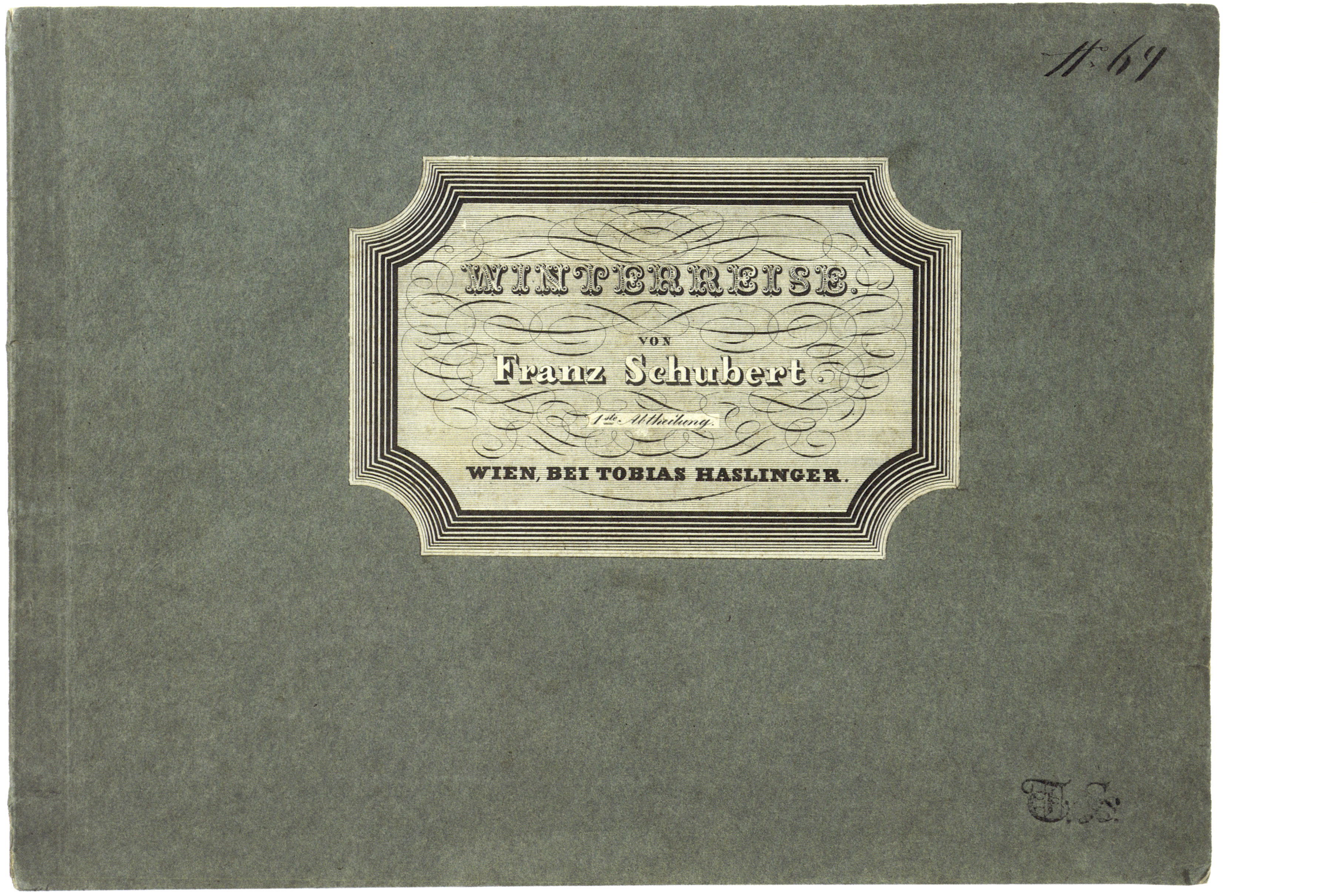
N. 64
WINTERREISE.
VON
Franz Schubert.
1ste Abtheilung.
WIEN, BEI TOBIAS HASLINGER.

1829

D 930, 2

DER HOCHZEITSBRATEN

von Schober.

TERZETT

für Sopran, Tenor & Baß, mit Begleit. des Pianoforte.

In Musik gesetzt von

Franz Schubert.

104tes Werk.

№ 3316.

Pr. f. 1. 45 x C.M.

Eigenthum der Verleger.

WIEN,

bei Ant. Diabelli und Comp. Graben № 1133.

1830

OSSIANS GESÄNGE

für eine Singstimme mit Begleitung des Piano-Forte

componirt von

FRANZ SCHUBERT.

1tes Heft.

№ 3631 *Eigenthum der Verleger.* Pr: f 1 15 x C.M.

WIEN,
bei Ant. Diabelli und Comp. Graben № 1133.

SCHUBERT[97]

1829

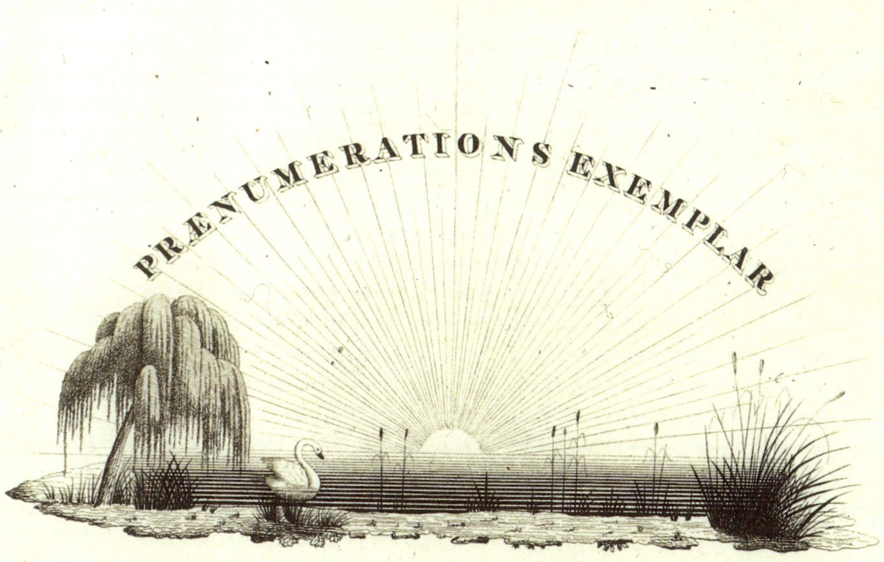
PRÆNUMERATIONS EXEMPLAR

UND DAZU BIEDERSINN

Als die Bevollmächtigten zum Wiener Kongreß am 9. Juni 1815 die Schlußakte in der alphabetischen Reihenfolge der Staaten, die sie vertraten, unterzeichneten, beurkundeten sie höchst feierlich das Ende einer beklemmend leid- und opfervollen fünfundzwanzigjährigen Kriegszeit, obgleich deren letzte Schlacht noch gar nicht geschlagen war. Noch fehlten neun Tage, bis auch das letzte Heer Napoleons am 18. Juni bei Waterloo vernichtet wurde, aber offenbar zweifelte der Kongreß nicht mehr daran, daß das Schicksal des Kaisers der Franzosen besiegelt war. Wie wenn es Napoleon nicht mehr gäbe, hatte man nun die Neuordnung Europas festgeschrieben.

Nach der durch die Französische Revolution verursachten europäischen Katastrophe sollte die Restauration einen endgültigen Frieden in Freundschaft sichern. Dabei stellte man sich einem Unterfangen, dessen Ziel in herausfordernder Weise in Schwebe gehalten wurde: Denn einerseits wollte man keineswegs eine bloße Wiederkehr des Alten, aber sehr wohl berief man sich andererseits auf die Legitimität des monarchischen Prinzips, dessen solidarische Anerkennung gefordert wurde.

Wohl der geistvollste Theoretiker unter den Männern, die sich dieser Aufgabe stellten, war der aus Koblenz stammende österreichische Staatsminister Clemens Wenzel Lothar Fürst v. Metternich. Mitglied eines alten reichsunmittelbaren rheinischen Geschlechts, waren weltbürgerliche Denkweise, Vernunft und Humanität die Leitbilder seiner Erziehung. Aber nicht nur die geistige Atmosphäre der Familie und nicht nur das Studium der Philosophie und der Rechte in Straßburg und in Mainz prägten den Mann, mehr noch berührte und traf ihn die über die Grenze des Reiches hinausgreifende Französische Revolution. Heimatlos geworden – das linksrheinische Reichsgebiet fiel an Frankreich, den Metternichs verblieb nur ihr Gut Königswart in Böhmen –, mag er heftiger als andere auf die autoritätslosen Massenbewegungen des sich erstmals als selbstbewußte Nation erlebenden französischen Volkes reagiert haben: mit Abneigung verfolgte er den Völkerfrühling, den viele mit Enthusiasmus begrüßten. Der Aufbruch und der Zusammenbruch dieser Zeit waren jene Ereignisse, aus deren Analyse Metternich seine politischen Ziele entwickelte, die die anderen ein „System“, er aber ein „Prinzip“ nannte.

Die Idee seines Prinzips – und diese setzte sich dann auch durch – war eben keineswegs der Wunsch, das Ancien régime so wiederherzustellen, wie es bestanden hatte, bevor es zerschlagen worden war. Metternich strebte nicht nach der Institutionalisierung unbelehrbaren Konservativismus. Das zum Prinzip erhobene Konservative an Metternich war vielmehr die alte aristokratische, europäische Tradition vom Primat des Rechtes vor der Willkür der Macht, ein Gedanke, der sich als der bedeutendste Ausdruck des politischen Universalismus des Jahrhunderts darstellt. Das Bekenntnis zum absolut gesetzten Recht unterwarf diesem auch den Monarchen. Ein hoher Ansatz war das, der jedoch, als man ihm hätte folgen sollen, nicht erfüllt wurde. Ungestraft brach Ernst August v. Hannover 1833 die Verfassung. Man mag Tragik darin sehen, daß Metternichs Prinzip monarchischem Despotismus entgegenstand und dennoch zum Rückhalt auch für Willkürherrschaft wurde. Aber noch gab es das nicht, noch galt es, die Friedensbasis zu finden.

Die Grundlage für den nach Wien einberufenen Friedenskongreß – welch ein glänzender Erfolg war es doch, daß die Wahl auf die Hauptstadt Österreichs als Tagungsort gefallen war – war die von Metternich vorgegebene Prämisse, daß der Gleichgewichtszustand zwischen Gewalt und Kraft als Naturnotwendigkeit zu betrachten sei. Bei stürmischem Vorwärtsdrängen der Zerstörungskräfte erschien verstärktes Erhalten alles gesetzlich Bestehenden geboten. Da die natürliche und die geistige Welt gleichmäßig durch die Prinzipien der Vernunft und der Moral und durch die Gesetze der Natur regiert werden, hatten in dieser durch den gesunden Verstand erkannten aristokratischen Weltordnung Individualismus und Philanthropismus, die Nivellierung der Gesellschaft, Freiheit, Gleichheit und Menschenrechte, Volkssouveränität und Volksrepräsentation keinen Platz. Es war nicht schwer, alles Revolutionäre zu denunzieren und mit Zerstörung gleichzusetzen: Denn jene neuen Kräfte, die in der Welt aufgebrochen waren und eine Teilnahme des Volkes an den Regierungsgeschäften verlangt hatten, galten als verantwortlich für ein Vierteljahrhundert allgemeiner Unordnung. Die Französische Revolution hatte den göttlichen Rechten der Könige einen vielleicht tödlichen Schlag beigebracht. Und doch waren gerade die Vertreter dieser Gruppe aufgerufen, eine Generation des Blutvergießens abzulösen. Angesichts dieser Umstände ist es nicht so überraschend, wie unvollkommen die spätere Lösung war, sondern wie lebenskräftig. Es ist nicht überraschend, wie „reaktionär" sie im Verhältnis zu den selbstherrlichen Lehren des 19. Jahrhunderts stand, sondern wie ausgewogen sie war. Sie hat kaum alle Hoffnungen einer idealistisch eingestellten Generation erfüllt, doch sie gab dieser Generation etwas, was vielleicht noch kostbarer war: eine Periode der Stabilität, die es gestattete, daß diese Generation ihre Hoffnungen ohne einen großen Krieg und ohne eine permanente Revolution schließlich doch zu verwirklichen vermochte.

Das „Gleichgewicht" (ein Schlüsselwort der Epoche!) der Staatenwelt mußte hergestellt, Übergewichte mußten vermieden werden. Eine Friedensordnung war dann zu erreichen, wenn Mitteleuropa keinerlei Bedrohung, weder aus dem Norden, dem Westen noch aus dem Osten fürchten mußte, aber auch seinerseits keine Gefahr darstellte. Daher war es unbestritten, daß Frankreich auch nicht als besiegter Staat, sondern gleichberechtigt im Kreise der Großmächte agierte. Denn, ganz im Sinne Metternichscher Staatsphilosophie, nicht Frankreich, Napoleon war der Gegner gewesen.

Die „Pentarchie", die ausgewogene Herrschaft Österreichs, Rußlands, Preußens, Großbritanniens und Frankreichs, war als Garant des Friedens gedacht. Die französischen Grenzen galten seit dem 30. Mai 1814, seit der Unterzeichnung des Ersten Friedens von Paris, als festgelegt: Frankreichs Staatsgebiet entsprach jenem des Jahres 1792. Problematisch gestaltete sich die polnisch-sächsische Frage, deren krisenhafte Eskalation zu Beginn des Jahres 1815 sogar einen Krieg zwischen den Verbündeten befürchten ließ, jedenfalls aber Napoleon zur Flucht von Elba und zur Aufrichtung seiner „Herrschaft der hundert Tage" bewog. Aber auch hier wurde Einigung erzielt: Rußland verzichtete auf die Palatinate Gnesen und Posen und die ehemals westpreußischen Distrikte zugunsten Preußens. Dem österreichischen Kronland Galizien und Lodomerien schloß man den Tarnopoler Kreis und die Salzbergwerke von Wielicka an. Krakau wurde Freistaat, der verbliebene größere Teil Polens mit der Hauptstadt Warschau gelangte als Königreich unter die Herrschaft des Zaren. Die eher hämische Bezeichnung „Kongreßpolen" bürgerte sich dafür ein. Der Norden des Königreichs Sachsen fiel an Preußen, das als Kompensation für sächsische und polnische Verluste erhebliche Erwerbungen am Rhein machte.

Um dem Kaisertum Österreich Stabilität zu garantieren, hatte man alle schwer haltbaren Außenpositionen zugunsten einer möglichst abgerundeten geographischen Einheit der Monarchie aufgegeben. Eine Wiedererwerbung der ehemaligen österreichischen

Niederlande (Belgien und Luxemburg) wurde gleich gar nicht erwogen. Auf englischen Wunsch schloß man sie mit Holland zum Königreich der Vereinigten Niederlande zusammen.

Wichtig für Österreich war die Ordnung in Italien. Venetien und die Lombardei, der man das Veltlin angliederte, wurden als vereinigtes Lombardo-Venetianisches Königreich direkt Österreich angeschlossen. Weiter im Süden bildeten die habsburgischen Sekundogenituren Toskana unter Erzherzog Ferdinand III., Modena unter Franz IV. von Habsburg-Este sowie Parma, Piacenza und Guastalla unter Marie Louise ein Vorfeld. Ferner stellte man sowohl den Kirchenstaat als auch das bourbonische Königreich beider Sizilien wieder her. Letzteres war gelungen, da Murat, für seine Krone fürchtend, sich Napoleon wieder an die Seite gestellt und in der Schlacht von Tolentino alles verloren hatte. Die Lösung jedoch, die Metternich für die Apenninenhalbinsel anstrebte, wurde nicht verwirklicht: Sowohl Franz I. als auch die italienischen Fürsten wehrten sich gegen eine dem Deutschen Bund ähnliche „Lega Italica" unter österreichischem Vorsitz. Verhängnisvoller sollte es jedoch werden, daß Österreich keinerlei Rücksicht auf das italienische Nationalbewußtsein nahm und, trotz ernster Mahnung einsichtsvoller Militärs und Beamter, die italienischen Besitzungen mit Polizeimethode „gut österreichisch" machen wollte. Als im Gefolge der Julirevolution 1830 auch auf der Apenninenhalbinsel Aufstände ausbrachen, wurde erstmals deutlich, wie sehr Österreich hier die Bevölkerung bereits verbittert hatte. Dabei sollte aber immerhin überlegt werden, daß „österreichisch" eher im staatsrechtlichen als im nationalen Sinn verstanden sein wollte. So war ja auch „italienisch" für die von Metternichs Überlegungen ausgehende österreichische Administration zunächst kein nationaler Begriff, sondern eine geographische Bezeichnung (dénomination géographique). Dennoch war es ein Fehler, nicht zur Kenntnis genommen zu haben, daß die italienischen Untertanen anders, eben national dachten.

Da die südslawischen Besitzungen im großen und ganzen wieder in jener Weise an Österreich zurückfielen, wie sie vor ihrem französischen Zwischenspiel Bestandteil der habsburgischen Länder gewesen waren, verursachte die Verwaltung dieser Territorien keinerlei Schwierigkeiten.

Hatten diese primär wohl österreichischen Fragen durchaus auch ihre europäische Relevanz, so mußte erst recht die Lösung der deutschen Frage in größerem Zusammenhang gesehen werden. Dabei war es entscheidend, daß zwischen den österreichischen und preußischen Interessen ein Ausgleich gefunden werden mußte: Der „Deutsche Bund" mit seiner Bundesverfassung war die Lösung. Unter dem Vorsitz Österreichs traten in Frankfurt am Main 39 gleichberechtigte Staaten zur Bundesversammlung zusammen. Empfanden es viele deutsche Patrioten als schmerzlich, daß das alte Reich verloren war und Franz I. sich auch von einer Gruppe deutscher Fürsten nicht bewegen ließ, die deutsche Kaiserkrone anzunehmen, so fühlte sich die Öffentlichkeit insgesamt vor allem dadurch zurückgestoßen, daß die Verfassungsfragen der Bundesstaaten entgegen den Versprechungen gelöst wurden, die man gegeben hatte, als der Kampf gegen Napoleon zu führen war. Die Wiederherstellung der alten landständischen Verfassungen, festgeschrieben im Artikel 13 der Bundesakte, war so unzeitgemäß, daß es erstaunt, wie sorglos man meinte, auf alles vergessen zu dürfen, was an gesellschaftlichen Veränderungen sich nicht bloß ereignet, sondern auch bewährt hatte. In durch nichts begründetem Hochmut mißachteten die Fürsten, daß das patriotisierte Bürgertum in einer bis dahin nicht gekannten Weise seine so junge und so erstaunlich tiefe, zu jedem Opfer bereite Vaterlandsliebe mit seiner Verehrung für den Herrscher gleichgesetzt und erst dadurch die Fortdauer der alten Monarchien ermöglicht hatte. Es war zynisch, die Teilnahme an der Befreiung vom revolutionären Despotismus gefordert und angenommen, das daraus erworbene Recht, auch in Zukunft Verantwortung zu tragen, jedoch empört bestritten zu haben.

Bemerkt sei, daß dafür nicht bloße Menschenverachtung verantwortlich gemacht werden darf, denn immerhin war man andererseits zu schönen Akten menschlicher Selbstbestimmung fähig und wagte unzeitgemäß Neues: Der Sklavenhandel wurde verboten. Anachronistisch war es, daß die am 26. September 1815 in Paris geschlossene „Heilige Allianz", das eher zum Mißvergnügen Metternichs vom pastoral-romantisch moralisierenden, pietistischen Zaren auf christlicher Grundlage erdachte Fürstenbündnis, der politischen Realität der europäischen Staatenwelt die religiöse Weihe geben sollte.

Überdies waren die Staaten verpflichtet, zur Regelung der Gewalten, zur Sicherung des äußeren und inneren Gleichgewichtes solidarisch zu agieren und im Falle einer Gefährdung der errungenen Stabilität zu intervenieren. Es galt als außenpolitisches Axiom, daß der Kampf gegen die Revolution im Zusammenwirken der europäischen Mächte geführt werden mußte. Dieses Weltsystem konnte sich als europäische Kraft bewähren, solange die Pentarchie politisch zusammenhielt und in ihren Völkern die Ruhetendenz überwog; sein Bereich verengte sich, als das erneuerte politische Staatensystem zerbröckelte und die neuen Ideen immer mehr an Boden gewannen; es brach zusammen, als die nationale und freiheitliche Idee, Weltbürgertum und soziales Beharren, der einzelstaatliche Realismus den politischen Universalismus besiegten.

Aber noch folgte man den Ideen dieses politischen Universalismus, um im Zusammenwirken der europäischen Mächte revolutionäre Bewegungen zu verhindern. Die Kongresse von Aachen (1818), Troppau (1820), Laibach (1821) und Verona (1822) waren die aristokratisch-konservative Reaktion auf deutsche, spanische, portugiesische, italienische und griechische Freiheitsbestrebungen.

Als wesentlich innerstaatliche, begleitende Aktion im unmittelbaren Einflußbereich Metternichs, im Deutschen Bund und damit auch in Österreich, gelten die Karlsbader Beschlüsse des Jahres 1819 und die Wiener Schlußakte des folgenden Jahres. Die kurz zuvor, 1817, auf dem Wartburgfest erstmals in der Öffentlichkeit aufgetretenen deutschen Burschenschaften wurden nun aufgelöst, die Universitäten einer strengen Überwachung unterworfen, ein sehr enges Pressegesetz, begleitet von einschneidenden Zensurbestimmungen, wurde erlassen und in Mainz eine Zentralkommission zur Untersuchung revolutionärer Umtriebe eingerichtet.

Den nicht gerade unerwünschten Anlaß für diese bedrückenden Maßnahmen lieferte die Ermordung des deutschen Schriftstellers und russischen Staatsrats August v. Kotzebue durch den Erlanger Theologiestudenten Karl Ludwig Sand am 23. März 1819. Der Attentäter, der von der Idee des in Deutschland nahezu unbekannten politischen Mordes geradezu besessen war, folgte der radikalen Ideologie des Gießener Dozenten der Rechte Karl Follen. Hier verbanden sich Elemente der Philosophie Rousseaus mit den extremsten revolutionären Positionen Robespierres zum überzeugenden Argument für das politische Attentat. In konfuser Weise wurden mit dieser kriminellen Ideologie Elemente des naturrechtlichen Widerstandsrechts und des christlichen Opfertods vermengt. Nicht nur das am 1. Juli 1819 auf den nassauischen Staatsrat Karl v. Ibell verübte Attentat – das Opfer überlebte – zeigte die Gefährlichkeit dieser extremen geistigen Strömungen, auch daß Intellektuelle wie der evangelische Theologe Wilhelm de Wette oder der katholische Publizist Joseph Görres für die Tat Sands Verständnis zeigten, bewies den Konservativen die bedrohliche Kraft einer werdenden Opposition.

Schien sich anfangs das geplante System der Intervention verwirklichen zu lassen, so zeigte gerade der Kongreß von Verona mit seiner weiteren Problemstellung der griechischen Frage, die hier zusätzlich angeschnitten wurde, daß Europa keineswegs so geschlossen dachte, wie es konzipiert worden war. Nur noch Metternich war der Meinung, daß die

„legitime“ Herrschaft des Sultans nicht angetastet werden dürfe; weder Rußland noch England waren bereit, der romantischen Begeisterung für die griechischen Freiheitskämpfer, die auch von der deutschen Öffentlichkeit enthusiastisch gefeiert wurden, einen Riegel vorzuschieben. Verona bedeutete das Ende der „Heiligen Allianz“, und als die offene Intervention anglofranzösischer Flotteneinheiten und russischer Armeeabteilungen Griechenland die Freiheit brachten und der Londoner Kongreß am 3. Februar 1830 eine Aktion legalisierte und besiegelte, die im Gegensatz zum Interventionsprinzip gestanden hatte, war der Traum von einer antirevolutionären Weltordnung gescheitert.

Im Juli desselben Jahres erfolgte in Paris der entscheidende Einbruch in das konservative europäische Staatensystem. In Frankreich, einer der fünf entscheidenden Großmächte, war nun das vom Wiener Kongreß und der Heiligen Allianz hochgehaltene Prinzip der Legitimität durchbrochen worden: Eine dreitätige Revolution genügte, um den Bourbonen Karl X. seinen Thron verlieren und den Prinzen Louis Philippe von Orléans die Krone eines „Roi des Françaises“ aus den Händen des von einer bürgerlich-liberalen Mehrheit dominierten Parlaments annehmen zu lassen. Der „Bürgerkönig“ und die am 14. August 1830 erlassene „Charte Constitutionelle Française“ waren eine schlimmere Verlegenheit für das monarchische Prinzip als der unglückliche König Murat von Neapel.

In unmittelbarer Folge zerbrach der großniederländische Barrierestaat, das Königreich Belgien wurde geschaffen, in Warschau erhoben sich polnische Patrioten gegen die Herrschaft des Zaren, in Modena, Parma und im Kirchenstaat brachen heftige Unruhen aus. Erfolgreich waren revolutionäre Erhebungen in Braunschweig, Hannover, Kurhessen und Sachsen, die überhaupt noch keine Verfassung des frühkonstitutionellen Typs besaßen. Liberalisierungen und konstitutionelle Veränderungen waren die Folge.

Während österreichische Truppen auf der Apenninenhalbinsel erfolgreich im Sinne der konservativen Ordnung intervenierten, warf russisches Militär den polnischen Aufstand nieder. Rußland hob die polnische Verfassung auf und regierte das Land von nun an als unterworfene Provinz. Polnische Revolutionäre flüchteten ins Ausland, mit ihrer Teilnahme an Erhebungen, wo immer sie auch stattfinden mochten, war künftig zu rechnen.

Wohl hofften die konservativen Mächte in noch engerem Bündnis dem liberalen Übergewicht Westeuropas begegnen zu können, aber die Eigeninteressen machten es immer schwieriger, die gemeinsame Plattform nicht zu verlassen. Der auf dem Wiener Kongreß vermiedene russische Machtzuwachs auf Kosten Polens war nun eine Gegebenheit mit einer gefährlichen Sprengkraft gegenüber dem ausgewogenen Bau der europäischen Einheit.

Natürlich wurden alle diese Ereignisse auch in Österreich bekannt, sie blieben jedoch ohne politsche Folgen. Auch das Hambacher Fest des Jahres 1832, von dem der Konservativismus sehr wohl erkannte, daß es fast die Bedeutung einer deutschen Nationalversammlung hatte, und auch der Frankfurter Wachensturm des Jahres 1833 zeitigten keine direkten Auswirkungen.

Und dennoch kann es geradezu als sicher gelten, daß alle diese Ereignisse in jenen Kreisen, die dem herrschenden System kritisch gegenüberstanden, die Gegnerschaft nur stärkten und bestätigten. Schon 1828 hatte der bereits 1823 emigrierte und unter dem Pseudonym Charles Sealsfield publizierende Karl Postl mit seinem „Austria as it is“ eine bittere Abrechnung über das Österreich Metternichs vorgelegt, die er 1834 mit seiner Anklage „Seufzer aus Österreich und seinen Provinzen“ wiederholte.

Karl Postl war wirklich nicht die einzige kritische Stimme, die trotz aller Zensur zu hören war. Die „Spaziergänge eines Wiener Poeten“ von Anastasius Grün, 1831 in Deutschland erstmals erschienen, fanden ihren Weg immer wieder nach Österreich und zeigen sehr deutlich, daß die Kritik an den herrschenden Zuständen auch in den Kreisen der Hocharistokratie formuliert wurde: Anton Alexander Graf Auersperg verbarg sich hinter dem symbolträchtigen Pseudonym.

Und Karl Postl und Anastasius Grün waren keineswegs die einzigen, die ihre Kritik laut werden ließen: So sehr wuchs der Unmut über die Unterdrückung geistiger Freiheit an, daß am 11. März 1845 neunundneunzig österreichische Schriftsteller und Gelehrte dem Staats- und Konferenzminister Anton Graf Kolowrat eine „Denkschrift über die gegenwärtigen Zustände der Censur in Österreich" vorlegten.

Am konzeptlos gleichförmigen Lauf der Staatsmaschine im habsburgischen Kaiserreich änderte sich jedoch nichts, die „Obrigkeit" ließ den Menschen zwischen Gängelung und freiem Spiel keine echten Alternativen, sondern nur untaugliche, aufgezwungene Möglichkeiten.

Da es zu leidvoll war, was die staatliche Enge Österreichs damals auch verschuldete, erscheint es unangebracht, es bloß eine Ironie zu nennen, daß jene Zensur, die rational aufgeklärtem Bemühen entsprungen war und damit zumindest ein Streben nach belehrend-väterlicher Wohlfahrt für sich reklamieren durfte, zum alleinigen und damit gleichsam staatstragenden Abwehrsystem der geradezu irrational gefürchteten Revolution pervertierte. Von diesem Instrument polizeilicher Methode konnte man sich nichts erwarten, wenn bereits das 1820 ausgelieferte Taschenbuch „Aglaja" wieder eingezogen werden mußte, weil es ein Gedicht Grillparzers enthielt, das einer Zeile wegen bei der Zensur Anstoß erregt hatte. Mit: „Thut es weg dies heil'ge Zeichen!" kritisierte Grillparzer in seinem „Campo vaccino" die Anbringung des Kreuzes an den Ruinen des Kolosseums. Es war aber kein jakobinischer Religionsverächter, der dies schrieb, sondern ein dem Humanismus verpflichteter, vom Gedankengut des Klassizismus bewegter Romfreund, der mit staunender Begeisterung ein Monument antiker Leistung bewunderte und es gleichsam in puritanischer Strenge erleben wollte. Dieses zum Mahnmal christlichen Märtyrertums gewordene Bauwerk war ihm Sinnbild römischer Ratio, und so und nur so wollte er das Kolosseum erleben. Solchen Nuancen menschlicher Psyche ließ die Zensur jedoch keinen Spielraum.

Unter Joseph II. zunächst als Instrument aufgeklärter Erziehung des Volkes institutionalisiert (Joseph II. hatte voll guten Willens versucht, die seit dem Reichstagsabschied von Speyer 1529 für das Reich gültige Zensur durch weitgehende Lockerungen zu modifizieren), war sie nun – zugegebenermaßen unter dem verheerenden Eindruck der Französischen Revolution – zum beschämenden Mittel der allgemeinen Entmündigung geworden. Gewiß, schon Joseph II. hatte gegen Ende seiner Regierungszeit viele Freiheiten seiner Zensurbestimmungen wieder zurückgenommen, und auch Leopold II. zog die Grenzen des Zulässigen enger, aber erst Franz II. (I.) zeichnete für jene Maßnahmen verantwortlich, die vielen, so auch Grillparzer, als „Zeiten des härtesten Geistesdruckes" erschienen. Als erster Schritt dazu wurden 1795 die bisherigen verschiedenen Zensurbestimmungen zur „General-Zensur-Verordnung" zusammengefaßt und 1801 der Polizeihofstelle die Überwachung dieser Verordnung übertragen. Die nunmehrige Polizei- und Zensurhofstelle blieb bis zu ihrer Auflösung 1848 unverändert bestehen.

Mit welchem Eifer die Zensurbehörden ihrer Aufgabe nachkamen, zeigte die „Rezensurierungs-Kommission", die von 1803 bis 1805 alle bis 1792 erschienenen Bücher sichtete und mehr als 2500 auf die Verbotsliste setzte. Am 12. September 1803 erhielten die Zensoren in einer Zensurvorschrift, die nie veröffentlicht wurde, allgemeine und besondere Richtlinien für die Handhabung. Das Zensuredikt vom 14. September 1810, das gleichfalls nicht veröffentlicht wurde, brachte trotz der vorgeschlagenen Erleichterung des Polizeichefs Hager nicht jene Milderung, die dieses Gutachten vorsah und die Kaiser Franz unter Einfluß der starken Lockerung der Zensur während der französischen Besatzung von 1809 zu geben bereit gewesen war. Diese Absicht drückte sich mehr in der berühmten Einleitungsformel als in den übrigen Bestimmungen aus: „Kein Lichtstrahl, er komme, woher er wolle, soll in Hinkunft unbeachtet und unerkannt in der Monarchie bleiben, oder seiner möglichen nützlichen Wirksamkeit entzogen werden". Lediglich in zwei Punkten unterschied sich diese Vorschrift von der des Jahres 1795, diese Passagen enthielten die angekündigten Verbesserungen. Bedeutende wissenschaftliche Werke sollten „mit der größten Nachsicht behandelt" werden „und ohne äußerst wichtige Gründe nicht verboten werden." Außerdem war es Gelehrten gestattet, verbotene Bücher, die in ihr Fachgebiet fielen, mit Erlaubnis der Polizeihofstelle zu besitzen. Neben diesem Edikt von 1810 blieben alle früheren Bestimmungen in Kraft, soweit sie hier nicht geändert oder aufgehoben wurden.

Es war selbstverständlich, daß auch das Theater strengsten Zensurbestimmungen unterworfen war, wenngleich anzumerken ist, daß die polizeiliche Überwachung auch dieses Mediums schon viel früher begonnen hatte: Maria Theresia hatte 1751 die Theaterzensur in Wien eingeführt. Aber wieder war es Kaiser Franz, der auch diesen Bereich der Zensur zu einem bloßen Herrschaftsinstrument umformte: Es konnte nicht mehr genügen, die Handlungen der Menschen zu kontrollieren, die Stimmung des Volkes war so zu beeinflussen, daß sie dem Staatsinteresse dienlich war. Zur beklemmenden Enge, in die jeder Autor geraten mußte, dem solches vorgegeben war, äußerte sich Ferdinand Raimund, als er 1826 dem Prager Theaterdirektor Johann Nepomuk Stepanek sein Stück „Das Mädchen aus der Feenwelt oder Der Bauer als Millionär" anbot. „Ich hoffe, daß die Vorsicht welche ich in meinen Stücken gegen die Wiener Censur beobachtete, mir auch das Vertrauen der v. Prager erwerben wird, denn meine Stücke kommen, beinahe so unverändert aus den Händen der Censur, wie sie eingesendet werden."

Mit höhnendem Spott bedachte Johann Nestroy die Zensur, als dies 1848 endlich möglich war. In der „Freyheit in Krähwinkel" sagt Ultra: „Ein Censor ist ein Menschgewordener Bleystiften, oder ein Bleystiftgewordener Mensch; ein Fleischgewordener Strich über die Erzeugnisse des Geistes, ein Krokodil was an den Ufern des Ideenstromes lagert, und den darin schwimmenden Dichtern die Köpf abbeißt [...] Die Censur ist die jüngere von zwei schändlichen Schwestern, die ältere heißt Inquisition; – die Censur ist das lebendige Geständniß der Großen, daß sie nur verdummte Sclaven treten, aber keine freyen Völker regieren können, die Censur ist etwas, was tief unter dem Hencker steht, denn derselbe Aufklärungsstrahl, der vor 60 Jahren dem Hencker zur Ehrlichkeit verholfen, hat der Censur in neuester Zeit das Brandmahl der Verachtung aufgedrückt."

Dabei hatte gerade der geistreich-witzig-hintergründige Satiriker Nestroy eine Meisterschaft sondergleichen entwickelt, trotz Zensur seine Botschaften an die Öffentlichkeit zu bringen. Bei seinen Stücken, die er der Polizei- und Zensurhofstelle einreichte, erlegte er sich durchaus eine strenge Selbstzensur auf, das Publikum durfte aber sicher sein, daß seine abendlichen Extempores nichts verschwiegen. Und Nestroy hatte sich offenbar daran gewöhnt, dafür mit Geld- und Gefängnisstrafen belegt zu werden.

Die Zensurbestimmungen bezogen sich aber nicht nur auf gesprochene oder gedruckte Texte (dazu zählten auch Musikalien), sondern auch auf bildliche Darstellungen, die in Reproduktionstechniken Verbreitung finden sollten, ja sogar auf Geschäftsschilder, Ankündigungen und Grabinschriften. Natürlich entsprang der ursprüngliche Sinn dieser Maßnahmen einem durchaus verständlichen militärischen und staatlichen Sicherheitsdenken. Letzten Endes blieben aber nicht einmal harmloseste bildliche Darstellungen davon ausgenommen, nichts durfte veröffentlicht werden, was nicht zuvor die Zensurbehörde passiert hatte.

Und mag es auch stimmen, daß die Zensur ein Faktor ist, der nicht bloß unterschiedlich empfunden und gewertet, sondern auch unterschiedlich gehandhabt werden kann, und darf angenommen werden, daß man in Österreich nicht immer so hart vorging wie anderswo, und kann auch davon ausgegangen werden, daß bei diesem „unerhöhrten Druck", den die Zensur ausübte, des Österreichers angeborene Neigung zur Raunzerei und seine Freude an einem Gesprächsthema mitgespielt haben mögen, so scheint eines unbestritten: Die Polizeimaßnahmen der Zensur hatten ein so enges staatliches Sicherheitsnetz gewoben, daß der politische Aufbruch der dreißiger Jahre Österreich nicht traf.

Metternich erkannte sehr wohl, daß ein so gelenkter Staat am Ende scheitern mußte. Zu entschiedenem Widerstand gegen Überkommenes, zu einem Abschütteln des tatenlosen Zusehens konnte er sich nicht aufraffen, die moralische Kraft dazu fehlte ihm.

„Eines nur ist Glück hienieden, Eins: des Inneren stiller Frieden Und die schuldbefreite Brust! Und die Größe ist gefährlich, Und der Ruhm ein leeres Spiel", schrieb Franz Grillparzer 1831 in seinem dramatischen Märchen „Der Traum ein Leben". Gerne wird diese Wendung als gültige dichterische Form für Lebenshaltung und Weltanschauung des Biedermeier genommen, meint man doch, damit auszusagen, warum die Menschen sich von den öffentlichen Interessen abwandten, ihre Ziele und Grenzen enger steckten und sich in ihre Häuslichkeit zurückzogen. Die solchermaßen im geselligen Familien- und Freundeskreis entwickelte hohe Kultur der Jahre 1815 bis 1848 war aber nur nach außen hin, dem Scheine nach glatt und ebenmäßig. Das Biedermeier zeigte Sprünge und Brüche wie andere Epochen auch, wie denn sonst könnte erklärt werden, wie grausam der Traum beendet wurde, die Menschheit sei ihrer tiefsten Bestimmung nach ästhetischen Charakters. Mit einem naiv gläubigen Bekenntnis zu Kaiser und Vaterland hatte diese Epoche begonnen, im naiven Vertrauen der von den Studenten geführten Proletarier, daß auch ihre Menschenwürde Achtung fände, setzte brutaler monarchischer Wille dem zum Vormärz gewandelten Biedermeier ein Ende.

SCHUBERT[97]

Der Geist der Welt

Laßt sie mir in ihrem Wahn,
Spricht der Geist der Welt,
Er ists, der im schwanken Kahn
So sie mir erhält.

Laßt sie rennen, jagen nur
Hin nach einem fernen Ziel,
Glauben viel, beweisen viel
Auf der dunkeln Spur.

Nichts ist wahr von allen dem,
Doch ists kein Verlust;
Menschlich ist ihr Weltsystem,
Göttlich, bin ich's mir bewußt.

1820

Oktett für Streicher und Bläser (2. Satz)

D 803

Adagio
Viola
Clarinetto in B
Fagotto
Corno
Violoncello
Violon
col Basso

Schubert gilt geläufig als „Romantiker". Was ist Romantik in der Musik? So oft diese Frage auch schon gestellt wurde, so viele Antworten gab's.

Schließlich darf man sagen: Romantik, das ist Wagners „Tristan", das ist aber auch Mozarts „Don Giovanni", das sind – noch – die „Gurrelieder" von Schönberg, Mahlers Vierte, Bruckners Neunte, Schumanns „Kreisleriana", Berlioz' Ouverturen, Beethovens Klaviersonaten mit Beinamen, vielleicht sogar die Naturschilderungen in den Haydn-Oratorien; es gibt auch Leute, die meinen, selbst der späte Bach sei nicht frei davon.

„Romantik", so gesehen und als Terminus gebraucht, ist ein ausgehöhlter Begriff.

Aber vor allem Schubert gilt als „Romantiker". Zugegeben, die Hundertschaften an Texten, vertont von ihm, sie stammen zum allergrößten Teil von Zeitgenossen, von literarischen Romantikern. Auch zugegeben, Schubert kodifizierte durch seine besondere, überrumpelnde Harmonik die ihm nachfolgende Kompositionsentwicklung bis zur bewußten Aufhebung des orthodoxen harmonischen Gefüges. Allein, lassen sich denn etwa die Durchführung des 1. Satzes der h-Moll-Symphonie, der „Unvollendeten", oder das Lied „Der Zwerg" oder der 2. Satz aus der großen A-Dur-Klaviersonate oder das Sanctus aus der As-Dur-Messe überhaupt unter solchen Oberbegriffen für Stil und Genres subsumieren?

Vielleicht hat er, Schubert, kompositorisch so empfunden wie Sigmund Freud drei Generationen später dies mit dem intellektuellen Ansatz versuchte?

Vielleicht hat er sich in seinem Komponieren vor allem von den klassischen Vorbildern absetzen wollen?

Vielleicht gab es für ihn gar keine Probleme zwischen Schauder-Romantizismen und den tatsächlichen und lebensbedrohenden Abgründen der Seele(n)?

Vielleicht war alles auch ganz anders.

Es folgt: „Der Zwerg" Lied nach einem Text von Matthäus von Collin op. 22/1 D 771 (Erstausgabe 1823).

Ein Schiff am Meer, „worin die Königin mit ihrem Zwerge"; die Frau halluziniert; der Zwerg erdrosselt sie, schluchzend, mit einer Schnur aus roter Seide; „Er spricht: Du selbst bist Schuld an diesem Leide, weil um den König du mich hast verlassen, nun macht dein Sterben einzig mir nur Freude"; er küßt sie noch, die ihm im Sterben verzeiht, er versenkt sie ins tiefe Meer und läßt sich in die offene See treiben. – Schauderromantik/Abgrund?

Der Zwerg.

Nicht zu Geschwind.
Singstimme.
Piano:Forte
Im trü - - - ben Licht ver - schwinden schon die Ber - - - - ge es
con 8va
schwebt das Schiff auf glatten Meeres - wo - gen, worauf die Kö - nigin mit ih - rem Zwer - -
8va

ge
Sie schau'en em-
por zum hochgewölb-ten Bo-gen, hinauf zur lichtdurchwirkten blau-en Fer-ne die
mit der Milch des Himmels blass durchzo-gen.
Nie nie habt ihr mir ge

lo = gen noch, ihr Sterne, so ruft sie aus, bald werd ich nun entschwin = den, ihr sagt es mir doch
8va
sterb' . . . . . . ich wahrlich ger = = = ne, Da tritt der Zwerg zur
pp
Köni = gin mag bin = den um ihren Hals die Schnur von rother Sei = = = de und weint und
cres

weint als wollt er schnell vor Gram er = blin = = den vor Gram er = blin = = den. Er spricht: Du
selbst bist Schuld an die = sem Lei = = de, weil um den Kö = nig du mich hast ver = las = sen, jetzt weckt dein Ster = ben einzig
mir noch Freu = = de ein = zig mir noch Freu = = de. Zwar werd ich ewig = = lich mich sel = = ber has = = = =

=sen der dir mit die=ser Hand den Tod ge=ge=ben doch must zum frü=hen
Grab du nun er=blas=sen. Sie legt die
Hand aufs Herz voll jun=gen Le=ben und aus dem
Fz
FF
Fz
Pp
8va

Aug die schweren Thränen rin = nen das sie zum Himmel be = tend will er = he = =
= ben Mögst du nicht Schmerz durch meinen Tod gewin = = nen sie sagt's da küsst der
Zwerg die blei = = = chen Wan = gen drauf al = so = bald. . . . . ver = =
Fz
p

ge — hen ihr die Sin — nen. Der
Diminu:
Zwerg schaut an die Frau, vom Tod be-fan — gen, er senkt sie tief ins
Meer mit eig' nen Han — den. Ihm brennt nach ihr das Herz so Voll ver-langen —

74

-gen ihm brennt nach ihr das Herz so voll Ver-lan - - gen so voll Ver - -
lan - - - - gen. An kei - - ner Küste wird
er je mehr lan - - - - - - - - - - den.

Von Schubert nicht komponierte Schlußstrophe des Gedichtes „Abend“ (als Lied D 645)

(Autor: Johann Ludwig Tieck)

SCHUBERT[97]

O Gegenwart, wie bist du schnell!
Vergangenheit, wie bist du klein!
O Zukunft, wie wirst du unendlich seyn?
Unendlich wie am Himmelsbogen
Die Sterne in die ew'gen Räume steigen,
So fühl' ich Stunden, Tage, Monden hergezogen,
Und durch mein tiefstes Seyn das trübe Schweigen,
Um mich ein unvergänglich Meer von schwarzen Wogen,
Und ach! kein grünes Ufer will sich zeigen!

Die Zauberharfe

D 644

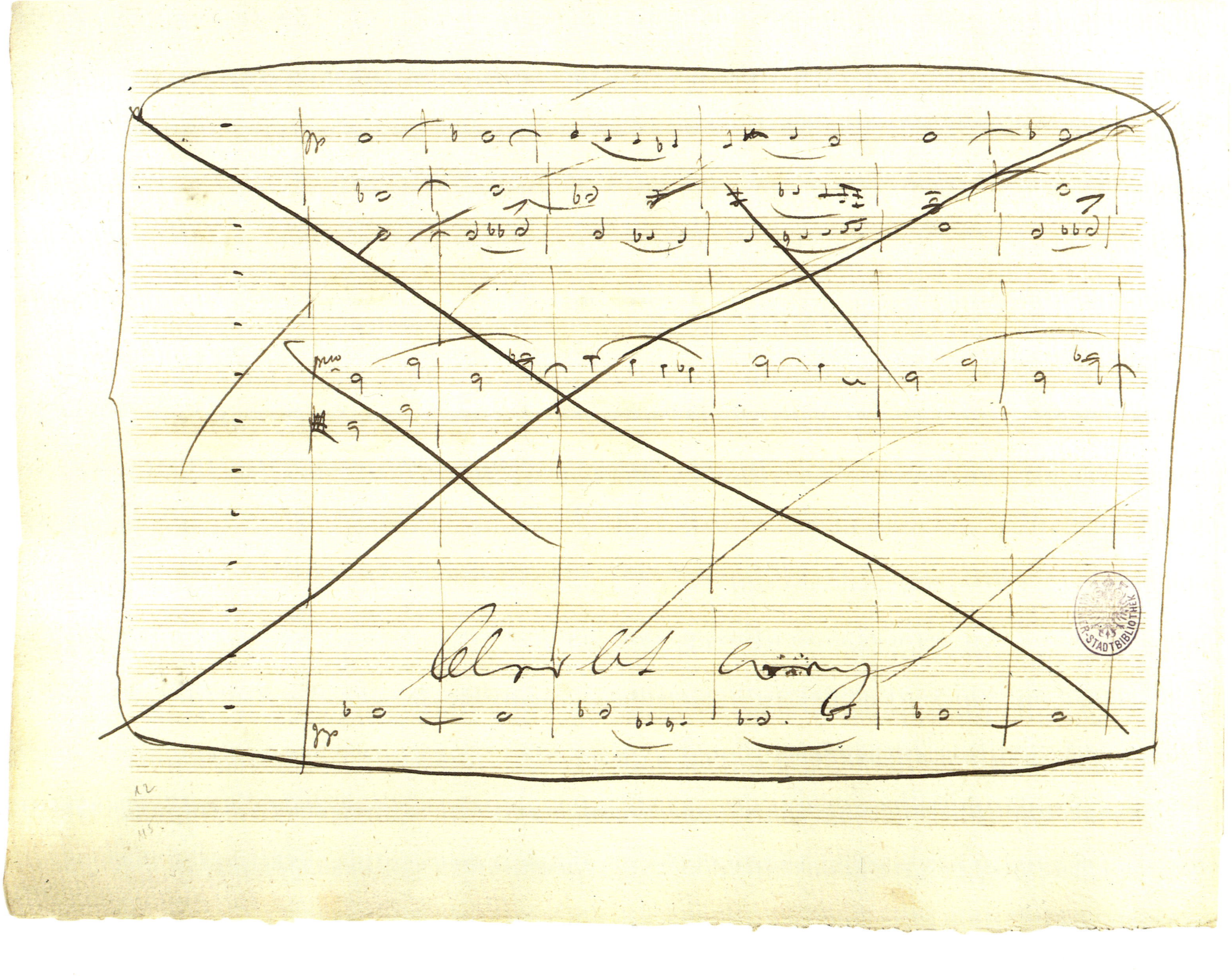
STADTBIBLIOTHEK

Symphonie h-Moll („Unvollendete“) D 759, 3. Satz (letzte Takt-Skizze)

Es gibt zahlreiche Erklärungsversuche dafür, warum Schuberts h-Moll-Symphonie, D 759, eine „Unvollendete" geblieben ist. Sie gehen meist von künstlerischen Spekulationen aus, während die biographischen Zusammenhänge eine relativ einfach nachzuvollziehende Erklärung bieten können.

Schubert begann die Partitur-Reinschrift dieser Symphonie am 30. Oktober 1822; das Datum hat er auf dem Titelblatt der Partitur vermerkt.

Im Dezember ist bei ihm eine venerische Krankheit – nach allem, was wir wissen, die Syphilis – zum Ausbruch gekommen. Sie war es wohl, die ihn sein Zimmer in der Wohnung des Freundes Franz von Schober aufgeben und in das Elternhaus übersiedeln ließ, und sie zwang ihn schließlich auch zu einem längeren Spitalsaufenthalt im Allgemeinen Krankenhaus.

Für die Behandlung derartiger Krankheiten wurde Quecksilber herangezogen, das den Patienten die Haare ausgehen ließ. Sie mieden daher so lange, bis sie eine Perücke tragen konnten oder die Haare überhaupt nachgewachsen waren, ihre gewohnte Umgebung. Auch Schubert kehrte nach dem Spitalsaufenthalt weder in das Elternhaus noch in seinen angestammten Freundeskreis zurück, ja er mied Wien überhaupt, und zog im Mai in das leerstehende Gartenhaus der Familie von Bruchmann nach Hütteldorf (einem westlichen Vorort Wiens) und reiste von dort im Juni oder Juli nach Oberösterreich. Wie eine Eintragung im Konversationsheft Beethovens bestätigt, sprach man in Wiener Musikerkreisen davon, daß sich Schubert versteckt halte, nach anderen Quellen wußte man davon, daß er erkrankt sei. Im August schrieb Schubert selbst in einem Brief aus Steyr: „Ob ich je wieder ganz gesund werde, bezweifle ich fast." In der zweiten Septemberhälfte des Jahres 1823 kehrte Schubert nach Wien zurück. Er trug damals eine Perücke. Im Dezember zeichnete sich die Hoffnung ab, daß er sich bald wieder mit eigenen Haaren werde zeigen können.

Die Erkrankung und ihre Behandlung haben Schubert in dem Zeitraum, in dem er mit der Arbeit an Particell-Entwürfen zur h-Moll-Symphonie und der danach hergestellten Partitur-Reinschrift beschäftigt war, abrupt gezwungen, die Feder aus der Hand zu legen und seinen Schreibtisch zu verlassen. Daß er mehr als neun Monate später – nach all den Erfahrungen und dem Bewußtsein dieser Erkrankung (im Mai von ihm so eindrucksvoll formuliert in dem Gedicht „Mein Gebet") – nicht dort fortsetzen konnte, wo er seine symphonische Arbeit abgebrochen hatte, ist nachvollziehbar und verständlich.

Mein Gebet

Tiefer Sehnsucht heil'ges Bangen
Will in schön're Welten langen;
Möchte füllen dunklen Raum
Mit allmächt'gem Liebestraum.

Großer Vater! reich' dem Sohne,
Tiefer Schmerzen nun zum Lohne,
Endlich als Erlösungsmahl
Deiner Liebe ew'gen Strahl.

Sieh, vernichtet liegt im Staube,
Unerhörtem Gram zum Raube,
Meines Lebens Martergang
Nahend ew'gem Untergang.

Tödt' es und mich selber tödte,
Stürz' nun Alles in die Lethe,
Und ein reines kräft'ges Sein,
Lass', o Großer, dann gedeih'n.

1823

DER MAI WAR MIR GEWOGEN

Das Radio lief, was in meinem Kaffeehaus selten der Fall ist, und sie spielten „Gute Nacht" aus der Winterreise von Schubert, und der Herr Ober, wie er mir hinterher sagte, liebte Julius Patzak, der da sang, und deshalb drehte er den Apparat lauter als üblich. Ich liebte Julius Patzak auch.

Ich liebte eine Erinnerung, die er in seiner Stimme mitbrachte. Vor zwanzig Jahren habe ich nämlich seine Stimme mit Eigenem beladen, und daran dachte ich während der fünf Minuten und fünfzehn Sekunden, so lange dauert nämlich diese Aufnahme aus dem Jahr 1964. Ich studierte damals in Frankfurt und wohnte vorübergehend in einer Wohngemeinschaft mit drei Soziologiestudenten zusammen, die ich beim Namen kannte, mehr nicht. Ich hatte einen von ihnen in der Mensa angesprochen, hatte ihn gefragt, ob ich ein paar Nächte bleiben könnte. Es wurden zwei Wochen daraus. Am Tag über waren sie im Institut, ich hockte zu Hause herum und hörte ihre Schallplatten. Ich höre Manitas del Plata, Janis Joplin, Jimi Hendrix. Und eben die Winterreise von Schubert, gesungen von Julius Patzak, die fand ich bei einem der Studenten. Er war mir der Sympathischste, weil er das gemütlichste Zimmer hatte. Es hingen nicht die üblichen Poster von Che Guevara und Frank Zappa an der Wand. Ich mochte die Musik nicht, aber sie paßte zu dem Zimmer, und das Zimmer mochte ich, und so gewöhnte ich mich an die Musik. Es ist dies hier eine fremde Wohnung, sagte ich mir, da mußt du fremde Musik hören. Schubert war mir fremd, Patzak sowieso, und der sang, er sei fremd eingezogen und fremd ziehe er wieder aus. – Und dann hatte ich mich so sehr an die Musik gewöhnt, daß ich, als ich auszog, die Platte mitgehen ließ.

Der Streit mit meinem Vater war noch nicht beigelegt, ich hatte kein Geld und kein Zimmer. Ich saß in der Mensa herum. Da war eine Psychologiestudentin, die hieß Mechthild Hüntemann, die nahm mich mit. Sie hatte Haare wie eine Sonne, golden gelockt, ein Bogen von Schulter zu Schulter.

Ich wurde krank, eine schwere Grippe. Es war gerade an dem Tag, als wir meinten, wir hätten uns nun doch ein wenig ineinander verliebt und könnten miteinander schlafen. Mechthild wollte nämlich nur mit Männern schlafen, in die sie verliebt war. Sie kam am Abend aus dem Institut und sagte: „Ich glaube, jetzt geht es." Da hatte ich schon über neununddreißig Grad Fieber. Sie pflegte mich und tat, was ich mir wünschte. Ich wünschte kühle Tomaten zu essen und die Winterreise von Schubert, gesungen von Julius Patzak.

Zwei Wochen lag ich. Dann glaubten wir nicht mehr, daß wir ineinander verliebt seien. Ich schenkte ihr die Schallplatte und zog aus. Eine Woche später wußte ich, daß dies ein Fehler gewesen war. Ich lernte eine Medizinerin kennen, die hieß Inge Geyer, sie hatte einen zornigen Mund und Augen mit rasend schnellen Wimpern. Sie war Schweizerin, wir trafen uns im Vorraum der Ausländerbehörde. Wir wollten beide unsere Aufenthaltsgenehmigung verlängern. Am selben Tag noch sagte sie, sie sei mir emotional zugetan, und sie sagte es in einem Ton, der voll Vorwurf war. Ich zog bei ihr ein. Bevor wir miteinander schliefen, legte sie eine Platte auf. Die Musik war mein Geschmack, aber ich wollte sie nicht hören. Ich war abgelenkt, und das machte mich fertig. Ich sagte zu Inge: „Warte auf mich, denke dir nichts, ich gehe und komme in zwei Stunden wieder."

Ich lief zu Mechthild Hüntemann, sie war nicht zu Hause, ich setzte mich auf die Treppe vor ihrer Tür. In der Nacht kam sie mit ihrem neuen Freund. „Ich dachte, er ist nett", sagte der. Er meinte, ich mache eine Szene.

„Ich möchte den Schubert wieder haben", sagte ich zu Mechthild. Wir standen im Stiegenhaus eng nebeneinander. „Gib ihm den Schubert", sagte der Freund. Aber Mechthild sagte: „Nein, das kann ich nicht, es waren zwei schöne Wochen, als du bei mir krank warst." – „Ach", sagte ich „darf ich reinkommen, ein paar Minuten?" – „Wenn es sein muß", sagte sie. – „Darf ich wenigstens ein Stück von der Platte hören?" fragte ich. – „Wenn es sein muß", sagte sie.

Ich legte „Gute Nacht" auf. Ihrem Freund ging die Musik arg auf die Nerven. „Wieso singt der so rohrartig", sagte er, „hat er einen Stock im Hals?" – „Soll ich lieber Bob Dylan auflegen", fragte ich. „Bitte, bitte!"

Ich holte „Highway 61 Revisited" aus dem Regal und legte „Desolation Row" auf. „Das ist wunderbar", sagte ich zu Mechthild. „Viel besser als der rohrartige Schubert." – „Gel", sagte ihr Freund.–„Die mußt du mir borgen", sagte ich.–„Wenn es sein muß", sagte sie.

Ich hatte mich natürlich verspätet, aber Inge Geyer machte mir keinen Vorwurf daraus, und bald sah ich ein, daß sie gar kein vorwurfsvoller Mensch war, auch kein zorniger Mensch, daß lediglich ihre Natur in einer ihrer unauslotbaren Launen ihren Mund zornig und ihre Stimme vorwurfsvoll gestaltet hatte. Wir hörten den ganzen Tag Schuberts Winterreise. Das war unsere Liebe.

Viel später, ein Jahr später traf ich Mechthild in der Mensa. „Servus", sagte ich „ich habe noch den Bob Dylan von dir." – „Ah ja", sagte sie, „bring ihn einfach irgendwann einmal vorbei." – „Mach ich", sagte ich.

Sie hatte gar nicht gemerkt, daß ich die Platten vertauscht hatte. So verliebt war sie in ihren neuen Freund gewesen. Und für Bob Dylan hat sie sich nie wirklich interessiert. Bis heute steht in meinem Plattenregal Schuberts Winterreise, gesungen von Julius Patzak, in der Hülle von Bob Dylans „Highway 61 Revisited".

„Trägt Patzak nicht eine ganze Welt auf seiner Stimme", sagte der Ober zu mir.

„Was für eine Welt denn", fragte ich ihn.

„Wissen Sie", sagte er, „ich habe so meine Erinnerungen, wenn ich ihn singen höre. Darf ich Sie zu irgend etwas einladen?"

„Wenn es sein muß", sagte ich.

Originaltext zum 1. Lied aus der „Winterreise“
(Autor: Wilhelm Müller; von Schubert für D 911
in leicht textveränderter Version komponiert)

Gute Nacht

Fremd bin ich eingezogen,
Fremd zieh' ich wieder aus.
Der Mai war mir gewogen
Mit manchem Blumenstrauß.
Das Mädchen sprach von Liebe,
Die Mutter gar von Eh' —
Nun ist die Welt so trübe,
Der Weg gehüllt in Schnee.

Ich kann zu meiner Reisen
Nicht wählen mit der Zeit:
Muß selbst den Weg mir weisen
In dieser Dunkelheit.
Es zieht ein Mondenschatten
Als mein Gefährte mit,
Und auf den weißen Matten
Such' ich des Wildes Tritt.

Was soll ich länger weilen
Bis man mich trieb' hinaus?
Laß irre Hunde heulen
Vor ihres Herren Haus!
Die Liebe liebt das Wandern,
Gott hat sie so gemacht —
Von einem zu dem andern —
Fein Liebchen, gute Nacht.

Will dich im Traum nicht stören,
Wär' Schad' um deine Ruh',
Sollst meinen Tritt nicht hören —
Sacht, sacht die Thüre zu!
Schreib' im Vorübergehen
An's Thor dir gute Nacht,
Damit du mögest sehen,
Ich hab' an dich gedacht.

Klavierstücke

D 946

Schubert und (die) Frauen!? Es gibt Dutzende an Büchern, an Novellen, an dummen, Schubert ver-zeichnenden, geradezu unfreiwillig verblödelnden Erzählungen, gleichviel wie an Filmen, wo solche Paarungen vorkommen. Er wird dort durchwegs als ziemlicher Depp dargestellt.

Wir wissen allerdings bloß von besonderen Zuneigungen zu drei Frauen.

Therese Grob heißt die eine, seine Jugendliebe. Das Mädchen, für das er seine ausladenden Soli in den frühen Messen geschrieben hatte (wohl hauptsächlich deswegen, um der Verehrten wenigstens in der „neutralen“ Kirche vor ihr als Dirigent stehend näher sein zu können), blieb, obgleich später verheiratet, kinderlos und überlebte ihn um 47 (!) Jahre.

Die nächste Frau – wir kennen nicht ihren Namen, wissen nicht, wann er ihr begegnet – war wohl (im Sinne des Dr. Faustus) seine Esmeralda. Wir kennen sie bloß übertragen: Schuberts syphilitische Erkrankung brach Anfang 1823 aus.

Und dann – neben Verehrerinnen oder gar Adorantinnen – ein Mädchen, eine junge, ihrer Umwelt oft eigentümlich erscheinende Frau, später wohl eine mit einem gescheiterten Leben: Karoline Gräfin Esterházy von Galántha, kurzfristig dann verheiratet als Gräfin Folliot de Creneville-Poutet. Schubert war zweimal ihr Musiklehrer, ihr Musikbegleiter gewesen (im Landgut Zseliz, 1818 und 1824), mehr durfte er nicht, das Kastenwesen der Zeit verbot alles. Schubert jedenfalls baute in sich – auch vielleicht, wahrscheinlich sogar – diese Frau als „Unsterbliche Geliebte“ auf. Er widmete ihr manches, allerdings Bezeichnendes, die f-Moll-Klavierfantasie etwa (mit der „Todesverkündigung“ am Schluß) oder: drei Lieder aus der „schönen Müllerin", speziell für Karoline entnommen, „Ungeduld“, „Morgengruß“, „Des Müllers Blumen“ – aus dem Zyklus herausgezogen, transkribiert, um in eine, Karoline (Caroline) entsprechende Buchstabensymbolik gebracht zu werden …

Es folgen diese drei Lieder in Schuberts Handschrift.

N. B. Schubert in seinem Tagebuch (1816): „Etwas angenehmeres wird es wohl schwerlich geben, als sich nach einem heißen Sommertage Abends im Grünen zu ergehen …im zweifelhaften Dämmerschein, in Begleitung meines Bruders Carl ward mir so wohl ums Herz. Wie schön dacht' ich u. rief ich, u. blieb ergötzt stehen. Die Nähe des Gottesackers erinnerte uns an unsere gute Mutter.“

MH 16.004/c
Ungeduld.
Lebhaft.
Voce
P. F.

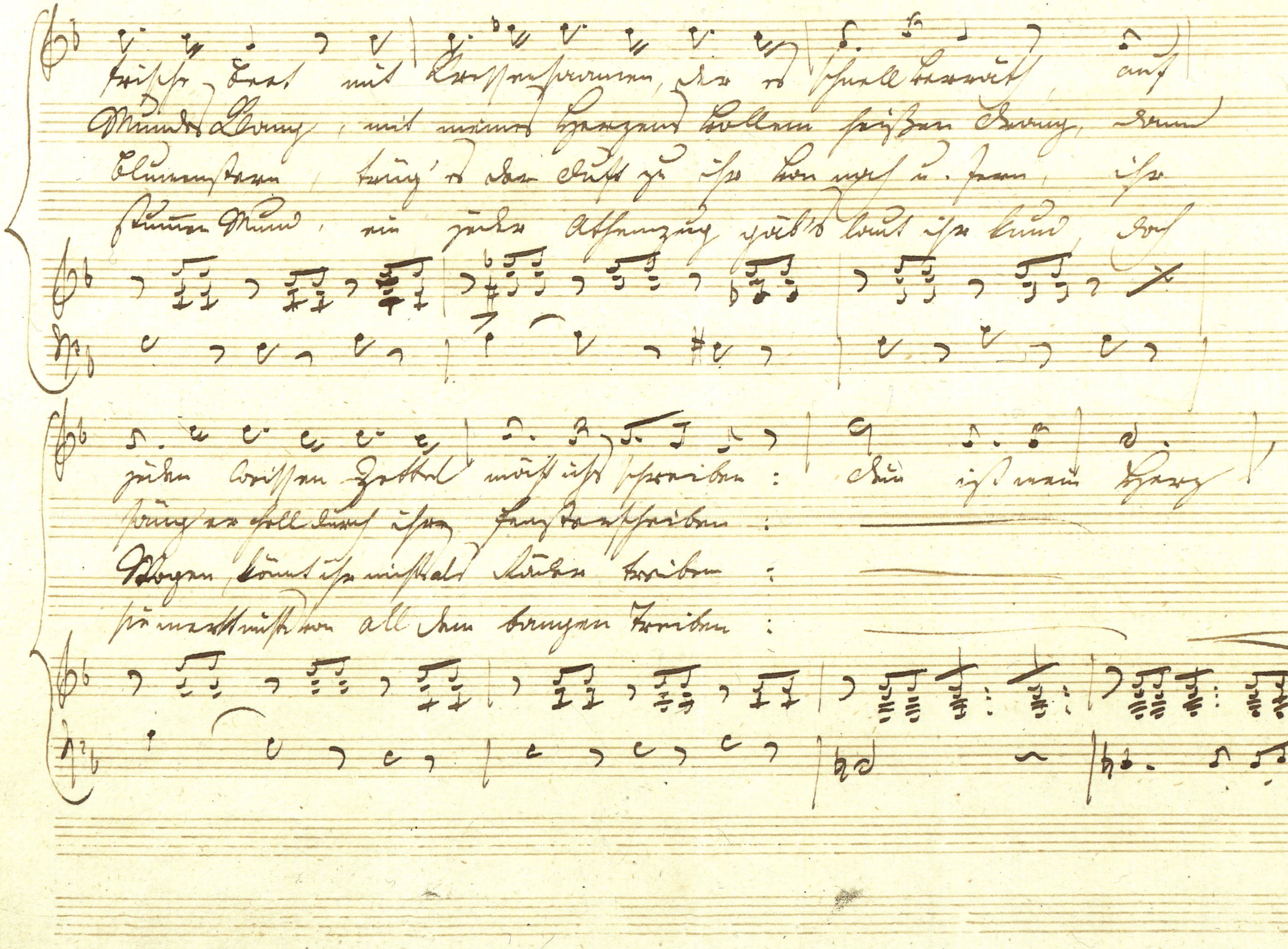

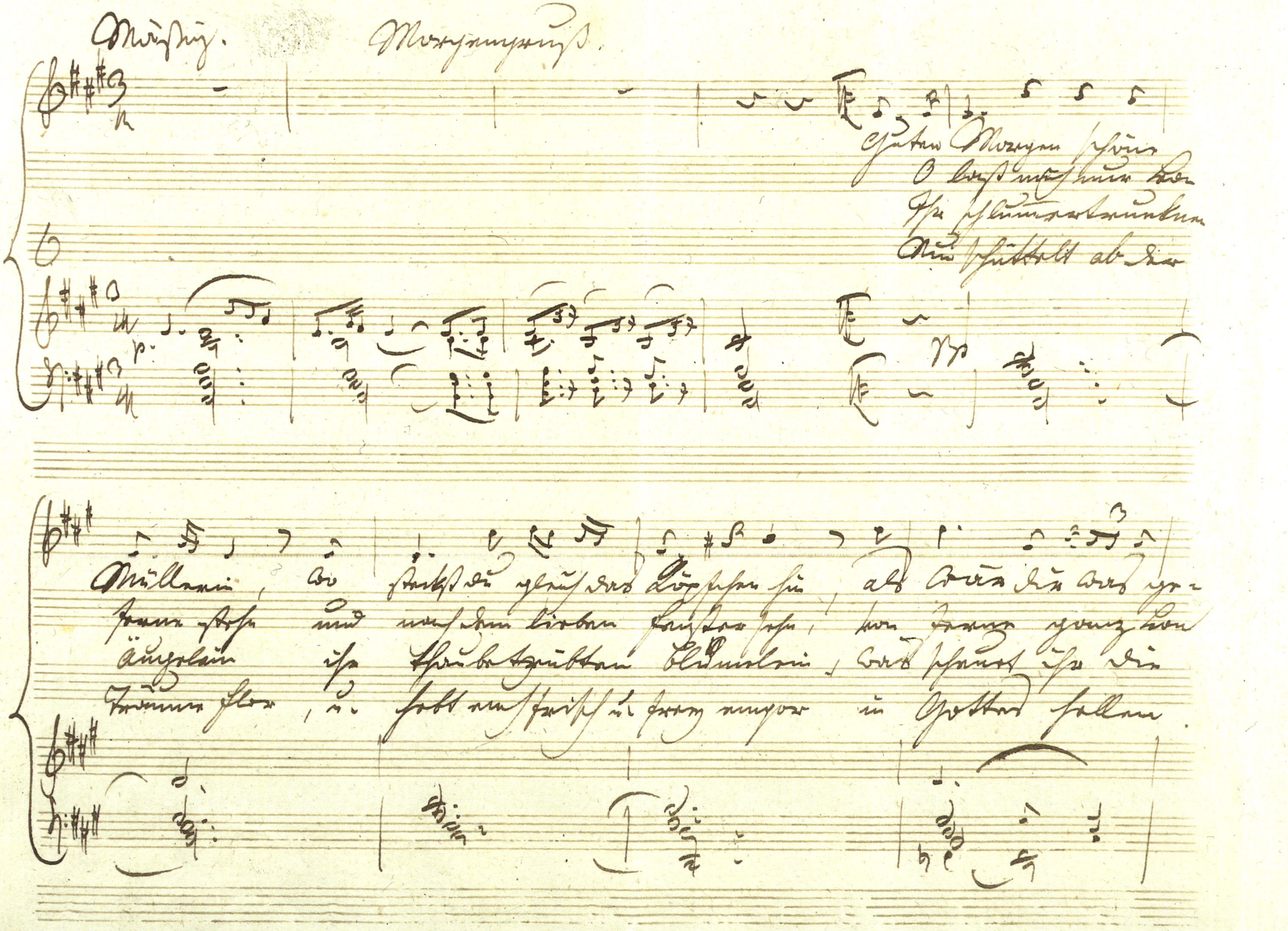
Mäßig.
Morgengruß.

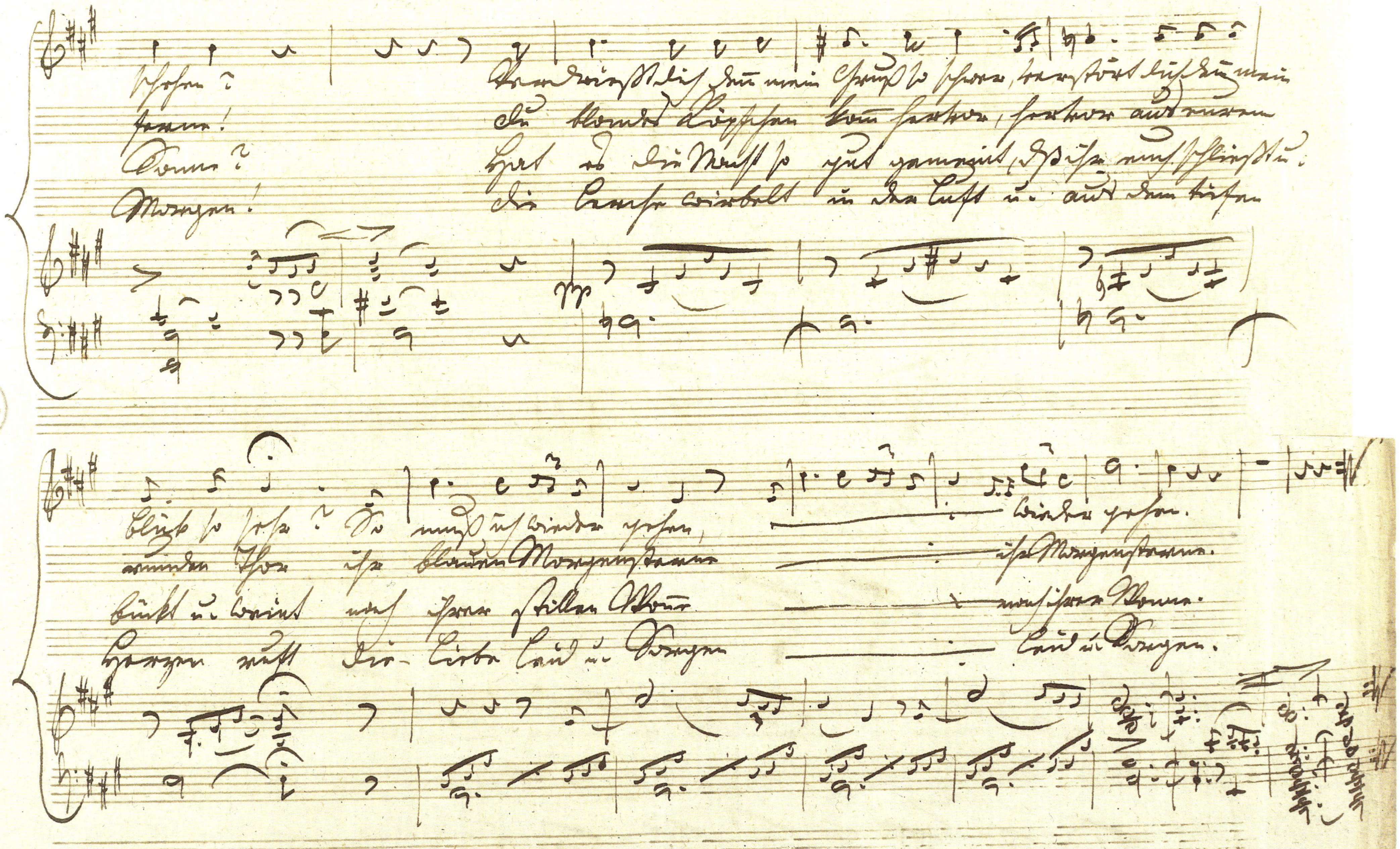

Des Müllers Blumen.

2. Dicht unter ihrem Fensterlein
Da will ich pflanzen die Blumen ein
Da nickt sie zu, wenn alles schweigt
Wenn sich ihr Haupt zum Schlummer neigt
Ihr nickt zu, was ich mein.

3. Und wenn sie schließt die Äugelein zu
Und schläft in süßer, süßer Ruh!
Dann lispelt als ein Traumgesicht
Ihr zu: Vergiß, vergiß mein nicht
Das ist es, was ich mein.

4. Und schließt sie früh die Laden auf
Dann schaut mit Liebesblick hinauf
Der Thau in euren Äugelein
Das sollen meine Thränen sein
Die will ich auf euch weinen.

NB. Die Begleitung dieses Liedes kann füglich um eine Octave höher gesetzt werden.

Fr. Schubert

SCHUBERT[97]

Den 3. July 1822

Mein Traum

Ich war ein Bruder vieler Brüder u. Schwestern. Unser Vater, u. unsere Mutter waren gut. Ich war allen mit tiefer Liebe zugethan. – Einstmahls führte uns der Vater zu einem Lustgelage. Da wurden die Brüder sehr fröhlich. Ich aber war traurig. Da trat mein Vater zu mir, u. befahl mir, die köstlichen Speisen zu genießen. Ich aber konnte nicht, worüber mein Vater erzürnend mich aus seinem Angesicht verbannte. Ich wandte meine Schritte und mit einem Herzen voll unendlicher Liebe für die, welche sie verschmähten, wanderte ich in ferne Gegend. Jahre lang fühlte ich den größten Schmerz u. die größte Liebe mich zertheilen. Da kam mir Kunde von meiner Mutter Tode. Ich eilte sie zu sehen, u. mein Vater von Trauer erweicht, hinderte meinen Eintritt nicht. Da sah ich ihre Leiche. Thränen entflossen meinen Augen. Wie die gute alte Vergangenheit, in der wir uns nach der Verstorbenen Meinung auch bewegen sollten, wie sie sich einst, sah ich sie liegen.

Und wir folgten ihrer Leiche in Trauer u. die Bahre versank. – Von dieser Zeit an blieb ich wieder zu Hause. Da führte mich mein Vater wieder einstmahls in seinen Lieblingsgarten. Er fragte mich ob er mir gefiele. Doch mir war der Garten ganz widrig u. ich getraute mir nichts zu sagen. Da fragte er mich zum zweytenmahl erglühend: ob mir der Garten gefiele? Ich verneinte es zitternd. Da schlug mich mein Vater u. ich entfloh. Und zum zweytenmahl wandte ich meine Schritte, u. mit einem Herzen voll unendlicher Liebe für die, welche sie verschmähten, wanderte ich abermals in ferne Gegend. Lieder sang ich nun lange lange Jahre. Wollte ich Liebe singen, ward sie mir zum Schmerz. Und wollte ich wieder Schmerz nur singen, ward er mir zur Liebe.

So zertheilte mich die Liebe und der Schmerz.

Und einst bekam ich Kunde von einer frommen Jungfrau, die erst gestorben war. Und ein Kreis sich um ihr Grabmahl zog, in dem viele Jünglinge u. Greise auf ewig wie in Seligkeiten wandelten. Sie sprachen leise, die Jungfrau nicht zu wecken.

Himmlische Gedanken schienen immerwährend aus der Jungfrau Grabmahl auf die Jünglinge wie lichte Funken zu sprühen, welche sanftes Geräusch erregten. Da sehnte ich mich sehr auch da zu wandeln. Doch nur ein Wunder, sagten die Leute, führt in den Kreis. Ich aber trat langsamen Schritts, innerer Andacht u. festem Glauben, mit gesenktem Blicke auf das Grabmahl zu, u. ehe ich es wähnte, war ich in dem Kreis, der einen wunderlieblichen Ton von sich gab; u. ich fühlte die ewige Seligkeit wie in einen Augenblick zusammengedrängt. Auch meinen Vater sah ich versöhnt u. liebend. Er schloß mich in seine Arme und weinte. Noch mehr aber ich. –

Franz Schubert

54—ρ

Der Tod und das Mädchen.

(Der Tod) Das erste Zeitmafs.
Gieb deine Hand, du schön und zart Ge=bild, bin Freund, und komme nicht zu stra = = fen.
pp
pp
Sey gutes Muths! ich bin nicht wild, sollst sanft in meinen Armen schla = = fen
FINE.

UNGEBÄRDIGE WEGE, ZU SPÄTES BEGEHEN

Die Fragen liegen am Weg herum und viele halten sie für unumgänglich, sie sind sogar stolz darauf zu fragen. Ist ja gut. Von den Antworten erwarten sie zumindest Tiefgang oder Tragweite. Manche sollen auf ewig Fragen bleiben, doch die Antworten auf sie werden auch irgendwann einmal kommen. Aber wie kann es sein, daß ausgerechnet ein Bächlein am tiefsten ist, womöglich eins aus Tränen? Und nichts fragt und nichts beantwortet, weil es gleichzeitig fließt und da ist, kaum getrübt, und wenn, dann von einer Harmlosigkeit, die wirklich daher kommt, daß keinem ein Harm angetan wird, auch all den Freunden der Heiterkeit nicht, die drum herumstehen. Denn nichts von alldem meint sich selbst oder ist gemeint. Aber es ist auch nichts anderes gemeint. Ein Rätsel, das uns aufgegeben wird, indem einer sich selbst aufgegeben hat, und wir stehen jedenfalls nicht auf dem Adreßaufkleber. Diese Selbstaufgabe ist allerdings auch keine Form der Resignation oder Preisgabe oder Lethargie. Es wird nicht sorgenvoll geblickt. Wunden werden nicht gezeigt. Verletzungen nicht verbunden, überhaupt wird eine Verbundenheit mit uns zwar hergestellt, aber auch geleugnet, sobald man den Ländler mit-schnaderhüpfeln möchte. Ähnlich wie bei der in ihrer scheinbaren Selbstgewißheit doch gleichzeitig dem Zuhörer buchstäblich unter den Händen zerbrechenden Rustikalität Mahlers (die aber andre Ursprünge hat, vielleicht die Brüchigkeit der bürgerlichen Klasse und die Verweigerung, den Juden je zu integrieren), sind auch diese Schubertiaden-Volksweisen nicht dazu da, daß man in ihnen zu Hause ist, weil man sie so oder so ähnlich schon oft gehört hat und daher sogar mitsingen kann. Im Gegenteil, diese Komponisten des unsicheren Bodens, den sie doch immer wieder beschwören – es ist der sogenannte Heimatboden, der unsicherste von allen also, weil natürlich jeder ausgerechnet von ihm Tragfähigkeit erwartet – schreiben über das, worauf sie gewachsen sind, um sich zu vergewissern, überhaupt da zu sein, und dabei fällt es ihnen unter den Füßen ins Nichts; und schon das Bemühen, es zu fassen, wird zu einer endlosen Erniedrigung, die einen zum Hund macht, der etwas bellend umkreist, das er nicht kennt. Das liegt daran, daß die Angaben, die gemacht werden, um die Töne in ihrem Koordinatensystem zu verorten, damit sie etwas Zusammenhängendes zum Hören ergeben sollen, immer nur dem entnommen sein können, das wieder aus diesem Ton-System kommt. Daher meint Musik ja immer nur sich selbst, weil sie nur durch sich selbst zu erklären ist. Doch bei Schubert ist es anders. Auch bei ihm sehen wir, wie das und das beschaffen ist und wie er es gemacht hat, damit es so und so klingt. Aber auch wenn all diese Eigenschaften benannt werden können – das was entsteht, ist trotzdem nichts, was einen Namen hat. Ist jedenfalls nicht die Summe beschreibbarer musikalischer Parameter. Das, was fehlt und gleichzeitig dazukommt, ist nicht nur die Aura, die jedes Kunstwerk hat und die es erst ausmacht, sondern es ist die Tatsache, daß etwas da ist, das uns gleichzeitig weggenommen ist, weil auch der Zuhörer, indem er hört, sich selber enteignet wird, selbst wenn er seiner selbst noch so sicher sein mag. Der Hörer wird sozusagen verschlungen von dem Schubertschen Vakuum, das ihn, als die nichtsgewisseste Musik, die ich kenne, danach zwar immer wieder hergibt (er hat auch alles brav gehört, ja er gehört sich selbst auch noch, er hat sich gut festgehalten und vielleicht sogar angeschnallt!), ihn aber für Bruchteile von Sekunden, da die Zeit, relativ, rückwärts gelaufen ist, mit dieser Zeitpeitsche aus Klang zerbrochen und ihn für immer sich selbst entfremdet hat, ohne daß er es gemerkt hätte.

Und diese Erniedrigung, etwas suchen zu müssen, das für die meisten andren einfach da ist, einleuchtend, selbstverständlich, dauert fort, weil sich für Schubert die Dinge schließlich auch nicht in dieser und dieser Abmessung gezeigt haben, damit er sie aufschreiben konnte. Und sie dauert fort, indem man Schubert, und auch, wie ich finde, Mahler, bis heute etwas zuschreibt, dessen sie selbst nie gewiß sein durften und konnten. Wir zwingen Schubert heute, etwas zu sein, das er nicht ist, weil wir uns nicht vorstellen können, daß einer zwar jemand sein möchte und etwas schaffen, daß er sich aber damit gar nicht selber meint (von „Selbstverwirklichung" in der Kunst müssen wir überhaupt schnell wieder schweigen!), vielleicht auch nicht weiß, was oder wen sonst er damit meint. So wie man unmittelbar nach einer großen Freude sofort in Verzweiflung oder Ungnade fallen kann, so hat Schubert geahnt, daß er in der Ungnade immer schon gewesen ist, und, was sie von ihm gedacht haben, was heute von ihm gedacht wird – und heute bitten wir ihn natürlich herein und bieten ihm etwas an, ein ganzes Festival, eine vollständige Ausstellung, auch wenn wir uns immer nur selbst bedienen wollen –, gemeint ist etwas ganz anderes. Etwas in Grenzen, das es nicht kennen will, weil es sie ohnedies nicht anerkennen würde. Ohne sich von selbst zu ergeben, aber es ergibt sich auch sonst niemandem. Unser Instrumentarium ist immer eine Waffensammlung, aber sie nützt uns nichts. Der späte Schumann in der Irrenanstalt fällt mir noch dazu ein: verdämmern, ohne sich selbst zu meinen.

Da findet einer, und das gerade in seinen stärksten Momenten, nicht mehr aus sich heraus und nicht mehr aus dem, was er schreibt. Weil er eben nicht weiß, was er tut, obwohl er es besser weiß als jeder. Am stärksten ausgeprägt ist das vielleicht im ersten Satz der letzten Klaviersonate (B-Dur, D 960) und im zweiten Satz der vorletzten (A-Dur, D 959). Das Thema irrt herum und findet sich nicht mehr und findet kein Ende. Es erinnert sich immer wieder an seine Ausgangsstellung, trifft, wie zufällig, ein Seitenthema, das kurz zum Fenster hinausschaut, ob da noch etwas ist, aber gleich wieder zurückkommt und weiter im Kreis herumirrt. Ist das ein Fragen oder ein Anklopfen, daß man herein darf? Sicher ist inzwischen: Es ist nicht kontrapunktisches Ungeschick in der Durchführung. Es wird hin- und hergefragt, und, obwohl Schubert sich vom Thema entfernt, bleibt er doch immer dort, ohne, und das ist seltsam, ihm je näherzukommen. Obwohl er ja schon dort ist, denn es taucht ja ununterbrochen auf. Will er es nur aus Scheu nicht? Will er es nicht, weil er eigentlich wo andershin will? Will er nicht sagen, wohin er will (Zensur!)? In der großen A-Dur-Sonate (zweiter Satz) findet es, das da auftaucht (das Thema, mehr als das Thema?), manchmal nicht einmal in den Grundton zurück, es erreicht ihn zwar fast, nein, ist eigentlich schon da, es kennt ihn doch!, aber im Baß stellt sich etwas auf, ein Stachel, der den Sitz unbrauchbar macht, wo es doch so bequem wäre, ja, oder da bleibt etwas hängen, hält es am Knöchel im letzten Augenblick zurück, fragt zögernd weiter nach der Adresse, obwohl es jetzt schon so viele gefragt und immer wieder dieselbe Antwort erhalten hat: Hier sind sie ja schon dort, wo Sie sein wollen! Je mehr das Thema also angefragt und angespielt ist, um so weniger ist es sich oder gar seinem Erzeuger nähergekommen. Und das führt in den Bereich aller Dinge und wie sie einem begegnen. Zuerst wird etwas gezeigt, dann begegnet es uns, um uns, inmitten des Gezeigten, als Subjekte konstituieren zu können, ohne daß wir zuvor wüßten, wer oder was wir überhaupt sind. Und weil wir es nicht wissen, kann es das uns Gezeigte naturgemäß auch nicht. Wir selbst wissen etwas am wenigsten. So führt die Musik, speziell diese Musik, über die Gegenstände hinaus in den eigenen Bereich, und der Bereich der Musik ist die Zeit, der aber, in Schuberts Fall, ihr Raum verlorengegangen ist, auch wenn der Raum heute und immer wieder ein schöner Konzertsaal ist, ja es gibt sogar einen eigenen Schubertsaal! Wenn in einem Zeit-Raum Begegnungen ermöglicht werden, ohne daß der Raum über die Zeit triumphiert (da man ja Zeitraum sagt, stellt man die Zeit über den Raum, doch wir brauchen Räume, um über die Zeit endlich triumphieren zu können, eine Ausstellung, um über die Musik die Zeit endlich zu herrschen), dann erlaubt diese Zeit ohne Raum solche Begegnungen mit der Zeit eben nicht: Weil diesem Komponisten, wie wenigen anderen, während er die Zeit angehalten hat, um selber kurz mit dem Atmen anzuhalten, der Raum davongelaufen ist, das heißt: alles, was um die Dinge so herumliegt. Und die Dinge selbst. Und hier liegt jetzt schon wieder so viel herum. Wie kommt das alles zusammen, damit bestimmt werden kann, was durch Schubert entstanden ist?

Notgedrungen muß, um etwas zu bestimmen, ja Raum und Zeit angeführt werden, Biedermeier, Metternichsche Zensur, Verschlüsselung, Verschleierung, etwas meinen ohne es zu sagen, etwas sagen ohne es zu meinen, aber daß etwas von vorneherein ein Ding ist, über das nichts zu erfahren wäre, weil es zwar ein Gewolltes und Gemachtes (und das sehr bewußt!) ist, aber nicht ein wollig Umstricktes und nicht ein Eingemachtes, das man behalten könnte, in die Sammlung legen und anschauen bzw. anhören, wann immer man möchte. Das, was fehlt, ist die Hauptsache, und es ist nicht etwas ausgespart, sondern gerade daß es fehlt, macht es ja aus!

Jeder Weg hat Anspruch darauf, auch begangen zu werden, und der Künstler geht ihn als erster. Manche gehen, und da ist gar kein Weg. Sie gehen trotzdem und fallen für uns, und nicht einmal ein Feld der Ehre haben sie dafür bekommen. Die Tür ist geschlossen, der Grundriß ist da, ohne Grund ist da aber trotzdem immer dieser Riß.

Der Spiegelritter

D 11

36
p.
Solo
Violonz:

Obwohl allein auf Grund des Seitenumfangs anzunehmen ist, daß Franz Schubert in seinen rund 215 Arbeitsmonaten relativ kontinuierlich komponiert hat, so sind dennoch gewisse Schaffens-Schübe und -Perioden festzustellen:

– 1816 etwa, das Liederjahr

– Wege in und aus der Krise, vom „Lazarus"-Fragment D 689 (1820) über Symphonieentwürfe (um 1821), von der Riesenoper „Alfonso und Estrella" D 732 (bis 1822), den Werken vor und um den Krankheitsausbruch (1822/1823) wie der „Unvollendeten", der „Wandererfantasie", dem zweiten großen Goethe-Lieder-Bereich, den Klavier-Sonaten, -Ecossaisen oder -Moments bis hin zur vielleicht „selbstreinigenden" „schönen Müllerin" (Herbst 1823), die wiederum flankiert ist von der umfangreichsten Oper, dem „Fierabras" und vom am bekanntest gewordenen Bühnenstück, der „Rosamunde"

– die letzten Lebensmonate, wo es gleichsam kompositorisch auch Schlag auf Schlag geht, wo aber die Einzelwerke dieser Abfolge von einer Dichte und zugleich von einer Qualität sind, wie dies sonst bei keinem Komponisten der uns bekannten Musikgeschichte je auch nur annähernd der Fall gewesen.

Man vergleiche bloß (und lasse sich dabei zusätzlich noch vom gewaltigen Umfang des Œuvres verblüffen).

Schuberts letztes Schaffensjahr (Oktober 1827 bis Oktober 1828), nur die „herausragenden" Werke (zwischendurch gibt's auch fast 50 Lieder, Klavierstücke, kleinere Gelegenheitskompositionen): Klaviersonate D 894 – Violinrondo D 895 – Klaviertrio D 898 – Impromptus D 899 – Winterreise D 911 – „Nachtgesang im Walde" D 913 – „Der Graf von Gleichen" (Entwürfe) D 918 – „Ständchen" D 920 – Klaviertrio D 929 – Violinfantasie D 934 – Impromptus D 935 – Symphonieentwürfe D 936A - Fantasie für Klavier zu 4 Händen D 940 – „Mirjams Siegesgesang" D 942 – Symphonie in C (Fertigstellung) D 944 – Klavierstücke D 946 – Allegro für Klavier zu 4 Händen D 947 – Messe in Es D 950 – Streichquintett D 956 – Schwanengesangslieder D 957/956A – Klaviersonaten D 958/959/960 – „Der Hirt auf dem Felsen" D 965.

(Man soll selbstverständlich nicht unbedingt gleich nachzählen und daraus versuchen, ästhetische oder biographische Ableitungen herzustellen; dennoch, allein die oben aufgezählten Werke umfassen rund 16.230 Takte!)

Es folgt: „Der Hirt auf dem Felsen" Lied für Singstimme, Klarinette und Klavier nach einem Text von Wilhelm Müller op. post. 154 D 965 – Melodieentwurf von Schuberts Hand.

Schubert an seinen Freund Franz von Schober

12. November 1828

Lieber Schober!

Ich bin krank. Ich habe schon 11 Tage nichts gegessen u. nichts getrunken u. wandle matt u. schwankend von Sessel zu Bett u. zurück. Rinna behandelt mich. Wenn ich auch was genieße, so muß ich es gleich wieder von mir geben.

Sey also so gut, mir in dieser verzweiflungsvollen Lage durch Lecktüre zu Hülfe zu kommen. Von Cooper habe ich gelesen: *Den letzten Mohikaner*, den *Spion*, *den Lootsen* u. die *Ansiedler*. Solltest Du vielleicht noch etwas von ihm haben, so beschwöre ich Dich, mir solches bey der Fr. v. Bogner im Kaffehh. zu depositiren. Mein Bruder, die Gewissenhaftigkeit selbst, wird solches am gewissenhaftesten mir überbringen. Oder auch etwas Anderes.

Dein Freund
Schubert

Vater Schubert an seinen Sohn Ferdinand

Lieber Sohn Ferd.

Die Tage der Betrübnis und des Schmerzes lasten schwer auf uns. Die gefahrvolle Krankheit unseres geliebten Franz wirkt peinlich auf unsere Gemüter. Nichts bleibt uns in diesen traurigen Tagen übrig, als bei dem lieben Gott Trost zu suchen, und jedes Leiden, das uns nach Gottes weiser Fügung trifft, mit standhafter Ergebung in seinen heiligen Willen zu ertragen; und der Ausgang wird uns von der Weisheit und Güte Gottes überzeugen und beruhigen.

Darum fasse Mut und inniges Vertrauen auf Gott; er wird Dich stärken, damit Du nicht unterliegest, und Dir durch seinen Segen eine frohe Zukunft gewähren. Sorge so viel als möglich, daß unser guter Franz unverzüglich mit den heil. Sakramenten der Sterbenden versehen werde, und ich lebe in der tröstlichen Hoffnung, Gott wird ihn stärken und erhalten.

Dein betrübter, aber von dem Vertrauen auf Gott gestärkter Vater
19. Nov. 1828.

Franz.

Ferdinand Schubert an seinen Vater

Liebwertester Herr Vater!

Sehr viele äußern den Wunsch, daß der Leichnam unseres guten Franz im Währinger Gottesacker begraben werde. Unter diesen vielen bin besonders auch ich, weil ich durch Franzen selbst dazu veranlaßt zu sein glaube. Denn am Abende vor seinem Tode noch sagte er bei halber Besinnung zu mir: „Ich beschwöre Dich, mich in mein Zimmer zu schaffen, nicht da in diesem Winkel unter der Erde zu lassen; verdiene ich denn keinen Platz über der Erde?" Ich antwortete ihm: „Lieber Franz, sei ruhig, glaube doch Deinem Bruder Ferdinand, dem Du immer geglaubt hast, und der Dich so sehr liebt. Du bist in dem Zimmer, in dem Du bisher immer warst, und liegst in Deinem Bette!" – Und Franz sagte: „Nein, ist nicht wahr, hier liegt Beethoven nicht." – Sollte dies nicht ein Fingerzeig seines innersten Wunsches sein, an der Seite Beethovens, den er so sehr verehrte, zu ruhen?! –

Ich habe deshalb mit dem Rieder gesprochen, und mich erkundigt, welche Kosten diese Leichenübertragung verursache, und da kommen ungefähr 70 fl. K. M. heraus. – Viel! sehr viel! – Aber für Franzen doch gewiß sehr wenig! – Ich meinerseits könnte für diesen Fall einstweilen 40 fl. entbehren, denn ich habe gestern 50 eingenommen. – Übrigens glaube ich sicher erwarten zu dürfen, daß alle die Auslagen für seine Krankheit und für seine Beerdigung durch sein Hinterlaß selbst bald getilgt werden würden.

Sind Sie daher, lieber Herr Vater, meiner Gesinnung, so wäre mir wieder ein großer Stein vom Herzen gewälzt. Jedoch müßten Sie sich *sogleich* entschließen und es mir durch den Überbringer dieses mitteilen lassen, damit ich das Eintreffen des Totenwagens veranstalten könnte. Auch müßten Sie dafür besorgt sein, daß hierüber noch heute vormittags dem Pfarrer in Währing die Anzeige gemacht werde. Ihr

trauernder Sohn

Ferdinand.

21. November 1828, früh 6 Uhr.

P. S. Die Frauen werden doch nicht in schwarzer Trauer erschienen? Der Konduktansager glaubt, daß er keine Flöre anzuschaffen habe, weil es bei Ledigen nicht gebräuchlich sei, und weil die Träger rote Mäntel und Blumen haben! –

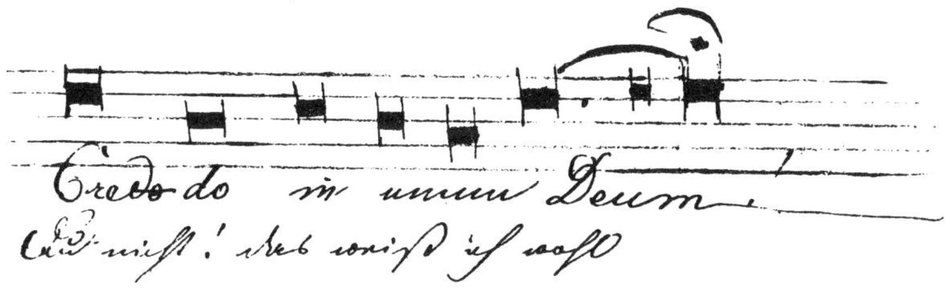

Der Schubert-Freund Ferdinand Walcher in einem Brief (1827)

N*ächste Anverwandte* der leibliche Vater des Erblassers Franz Schubert, Schullehrer in der Roßau No. 147, dann 8 leibliche Geschwister des Erblassers: 1) Ferdinand, Professor zu St. Anna, wohnhaft im Sterbeorte, 2) Ignaz, Schulgehilf am Him̄pfortgrunde, 3) Karl, am Himmelpfortgrunde Maler, 4) Theresia, vereh. Schneider, Professorsehegattin im k. k. Waisenhause aus 1ter *Ehe* von der Mutter Elisabeth; dann 5) Maria Schubert 14, 6) Josefa 13, 7) Andrä 5 und 8) Anton Schubert 3 Jahre alt, alle 4 bei dem Vater in der Roßau, und Geschwister 2te Ehe, von der Mutter Anna.

Aufgehabte Verwandtschaft keine

Namen desjenigen, der sich der Verlassenschaft annehmen und in dessen Hand sie gelassen werde der leibliche Vater.

Vermögen – ob dasselbe beträchtlich oder unbedeutend sei, aus welchen Hauptartikeln dasselbe beiläufig bestehe – und ob die Jurisdiktions- oder enge Sperre angelegt wurde?

Selbes besteht nach Angaben des leiblichen H. Vaters und leiblichen Bruders bloß in folgenden:

3 tüchene Fräcke, 3 Gehröcke, 10 Beinkleider, 9 Gilets	37 f. K. M.
1 Hut, 5 Paar Schuh, 2 Pr. Stiefel	2 f.
4 Hemder, 9 Hals- und Sacktücheln 13 Pr. Fußsäckeln, 1 Leintuch, 2 Bettziechen	8. f.
1 Matratze, 1 Polster, 1 Decken	6 „
Außer einigen alten Musikalien, geschätzt pr	10. f.
befindet sich vom Erblasser nichts vorhanden	
Summa	63 f.

SCHUBERT[97]

Klage an das Volk!

O Jugend unsrer Zeit, Du bist dahin!
Die Kraft zahllosen Volks, sie ist vergeudet,
Nicht einer von der Meng' sich unterscheidet,
Und nichtsbedeutend all' vorüberzieh'n.

Zu großer Schmerz, der mächtig mich verzehrt,
Und nur als Letztes jener Kraft mir bleibet;
Denn thatlos mich auch diese Zeit zerstäubet,
Die jedem Großes zu vollbringen wehrt.

Im siechen Alter schleicht das Volk einher
Die Thaten seiner Jugend wähnt es Träume,
Ja spottet thöricht jener gold'nen Reime,
Nichtsachtend ihren kräft'gen Inhalt mehr.

Nur Dir, o heil'ge Kunst, ist's noch gegönnt
Im Bild' die Zeit der Kraft und That zu schildern,
Um weniges den großen Schmerz zu mildern,
Der nimer mit dem Schicksal sie versöhnt.

1824

Alles ist über Schubert gesagt worden. Nichts ist über Schubert gesagt worden. Jedes Wort ist zu viel und jedes Wort ist zu wenig. Staunen und Schweigen, Schweigen und Lächeln – ist vielleicht dies die einzig angemessene Sprache, über Schuberts Musik etwas zu sagen?

Zwei Verszeilen aber gibt es doch, die für Franz Schubert ahnungsvoll erfunden sein mögen:

„Kein Musik ist ja nicht auf Erden,
die unsrer verglichen kann werden..."*

Schubert hat ein Recht auf diese Verse, denn in seiner Musik ist die himmlische Musik irdisch geworden, ganz und gar irdisch. Und allein Schuberts Musik kann mit der himmlischen verglichen werden, weil sie unvergleichlich ist. Über Schubert muß also nichts gesagt werden, in seiner MUSIK ist alles gesagt. Wir müssen sie nur HÖREN. Hören, Schweigen, Lächeln und Staunen.

* aus „Der Himmel hängt voll Geigen", bayerisches Volkslied, 1778 erstmals gedruckt, später in die Sammlung „Des Knaben Wunderhorn" aufgenommen.

Die Bild- und Textvorlagen für dieses Begleitbuch zur Ausstellung **SCHUBERT**[97] stammen ausschließlich aus dem Besitz der Wiener Stadt- und Landesbibliothek (Musiksammlung). Die in der Ausstellung gezeigten Objekte kommen, falls nicht anders vermerkt, ebenfalls aus dieser Sammlung. (Rund 50 Originalhandschriften Schubertscher „Schlüsselwerke", alle so bezeichneten Opera 1–173, also zu Lebzeiten oder nah-posthum erschienene Kompositionen bzw. sogenannte „nachgelassene musikalische Dichtungen", sowie Briefe und Dokumente.)
Andere „gegenständliche Objekte" stammen aus dem Besitz des Historischen Museums.

Für Leihgaben ist besonders zu danken:

– ARCHIV DER GESELLSCHAFT DER MUSIKFREUNDE IN WIEN
– WIENER MÄNNER-GESANGVEREIN
– BUNDESMOBILIENDEPOT

Die Vorlagen für die Rauminstallation (Schuberts Gesamtwerk: begeh- und durchschau-bar) leiten sich ab aus dem „Deutsch-Verzeichnis" (Franz Schubert: Thematisches Verzeichnis seiner Werke in chronologischer Folge von Otto Erich Deutsch: Neuausgabe in deutscher Sprache, bearbeitet und herausgegeben von der Editionsleitung der Neuen Schubert-Ausgabe und Werner Aderhold = Serie VII: Supplement, Band 4. Die Ausstellungsgestalter sind dem Verlag, Bärenreiter-Verlag Kassel et al., für die Bewilligung zum Verwenden dieser Quelle einschließlich der diesbezüglichen, seit der Edition angefallenen Korrekturen zu Dank verpflichtet.)

Der Dank gilt neben jenem an die Hersteller- und Baufirmen insbesondere den Sponsoren für den Klangbereich:

SONY   SONY CLASSICAL   Deutsche Grammophon

für die Einrichtung und das Zurverfügungstellen von Hard- und Software für Musikprogramm und Beschallung.

Schubert [97] – Die Ausstellung, das Plakat-Sujet, das Werbe-Bild

Gestaltung der Ausstellung und des Begleitbuches:

OTTO BRUSATTI (Konzept und Abwicklung)
HERMANN CZECH (Architektur und Installation)
GÜNTER DÜRIEGL (Leitung Historisches Museum)
MARIA-ANNA FRIEDL (Graphik-Design)

Der Dank gilt folgenden Personen und Mitarbeitern (alphabetisch):

ANNETTE ADAMOVICS (Sony Music)
DIETRICH BERKE (Bärenreiter-Verlag)
OTTO BIBA (Gesellschaft der Musikfreunde in Wien)
WALTER BOHATSCH (Planung Texverarbeitung)
WILHELM DEUTSCHMANN (Historisches Museum)
MARKUS EIBLMAYR (Planung Tonwiedergabe)
MANFRED HAAS (Atelier Czech)
REGINA KARNER (Historisches Museum)
ELKE KRASNY (Objekt- und Datenerfassung)
HELMUT KOLBA (Sony Austria)
PETER KOTZIAN (Statik)
RAOUL KRISCHANITZ (Atelier Friedl)
WALBURGA LITSCHAUER (Neue Schubert-Ausgabe)
EWALD MARKL (Deutsche Grammophon)
ULRICH MATTHES (Sprache)
CLAUDIA MAZANEK (Lektorat)
FRANZ NOVAK (Historisches Museum)
THOMAS ROTH (Projektleitung Atelier Czech)
JOHANN ZIEGLER (Wiener Stadt- und Landesbibliothek)

sowie allen befaßten Fachreferentinnen und -referenten, Kanzlei-, Restaurations- und VerwaltungsmitarbeiterInnen der MA 9 (Wiener Stadt- und Landesbibliothek) und MA 10 (Museen der Stadt Wien).

Ausführende Firmen:
Akustik Wolfmayer (Um- und Aufbau), Johann Höbinger & Co. (Tischler- und Zimmermannnsarbeiten), Trevision & Partner (Textverarbeitung), Tonstudio Holly, Foto Leutner

Von Schubert nicht komponierter „Epilog" zur „Schönen Müllerin" (als Liederzyklus D 795)

(Autor: Wilhelm Müller)

Der Dichter, als Epilog

Weil gern man schließt mit einer runden Zahl,
Tret' ich noch einmal in den vollen Saal,
Als letztes, fünf und zwanzigstes Gedicht,
Als Epilog, der gern das Klügste spricht.
Doch pfuschte mir der Bach in's Handwerk schon
Mit seiner Leichenred' im nassen Ton.
Aus solchem hohlen Wasserorgelschall
Zieht jeder selbst sich besser die Moral;
Ich geb' es auf und lasse diesen Zwist,
Weil Widerspruch nicht meines Amtes ist.

So hab' ich denn nichts lieber hier zu thun,
Als euch zum Schluß zu wünschen, wohl zu ruhn.
Wir blasen unsre Sonn' und Sternlein aus —
Nun findet auch im Dunkel gut nach Haus,
Und wollt ihr träumen einen leichten Traum,

So denkt an Mühlenrad und Wasserschaum,
Wenn ihr die Augen schließt zu langer Nacht,
Bis es den Kopf zum Drehen euch gebracht,
Und wer ein Mädchen führt an seiner Hand,
Der bitte scheidend um ein Liebespfand,
Und gibt sie heute, was sie oft versagt,
So sei des treuen Müllers treu gedacht
Bei jedem Händedruck, bei jedem Kuß,
Bei jedem heißen Herzensüberfluß:
Geb' ihm die Liebe für sein kurzes Leid.
In eurem Busen lange Seligkeit!

Rüdiger D791

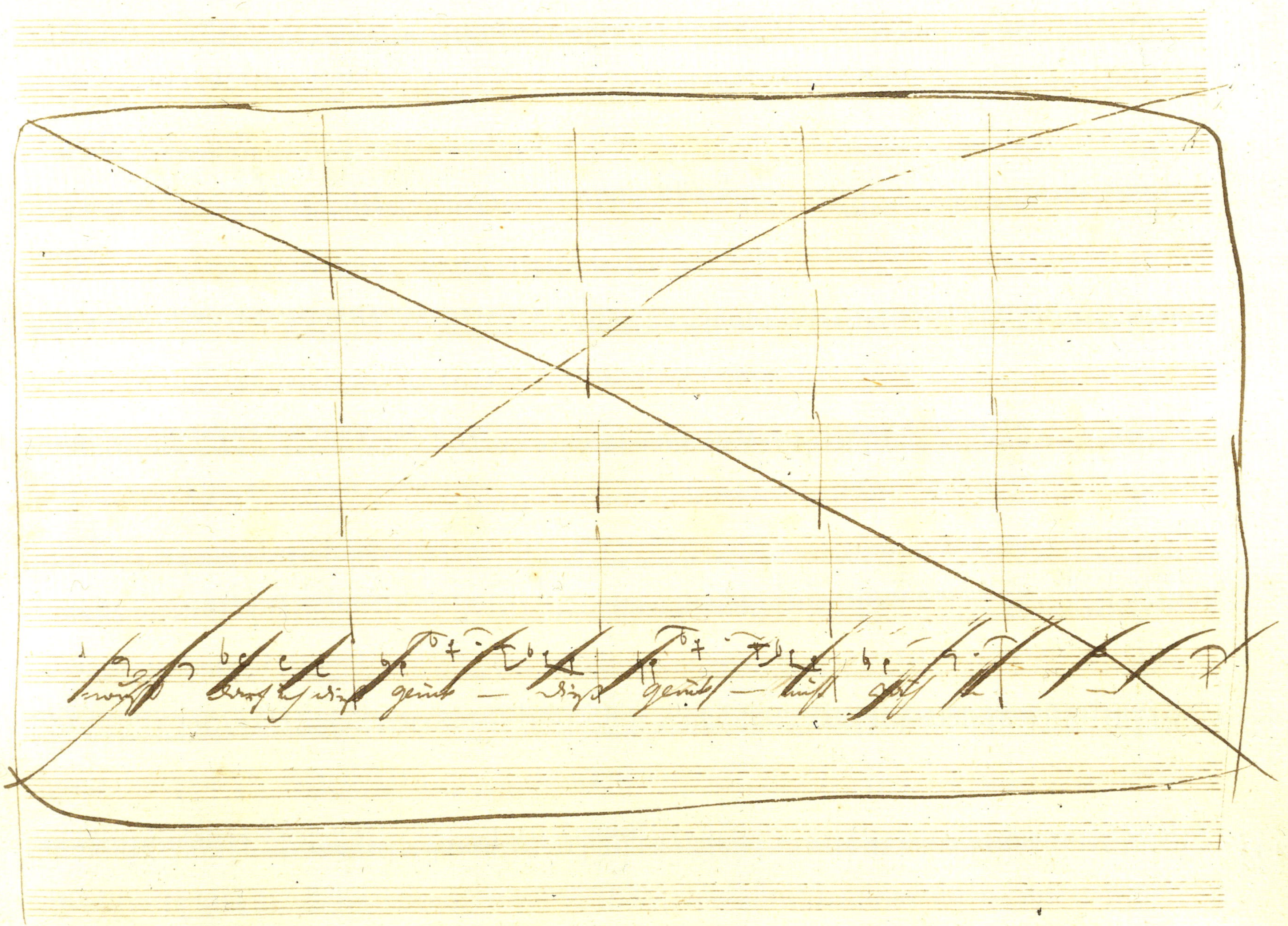

Diese Publikation erscheint anläßlich der gleichnamigen Ausstellung im Historischen Museum der Stadt Wien.

ISBN 3-205-98736-5

Die Deutsche Bibliothek – CIP-Einheitsaufnahme

Schubert 97: aus Heliopolis – Nachtviolen – Wasserfluth;

Katalog zur Jubiläumsausstellung 200. Geburtstag Franz Schuberts im Historischen Museum der Stadt Wien/

wiss. Gesamtleitung: Otto Brusatti.– Wien; Köln; Weimar:

Böhlau, 1997

ISBN 3-205-98736-5

Ne: Brusatti, Otto [Hrsg.]; Jubiläumsausstellung 200. Geburtstag Franz

Schuberts <1997, Wien>; Historisches Museum <Wien>

Graphik-Design: Maria-Anna Friedl

Photos: Wiener Stadt- und Landesbibliothek

Druck: Adolf Holzhausens Nfg.

Gedruckt auf umweltfreundlichem, chlor- und säurefreiem Papier

böhlauWien